不用獎勵的教育之道

彭瑜亮 著

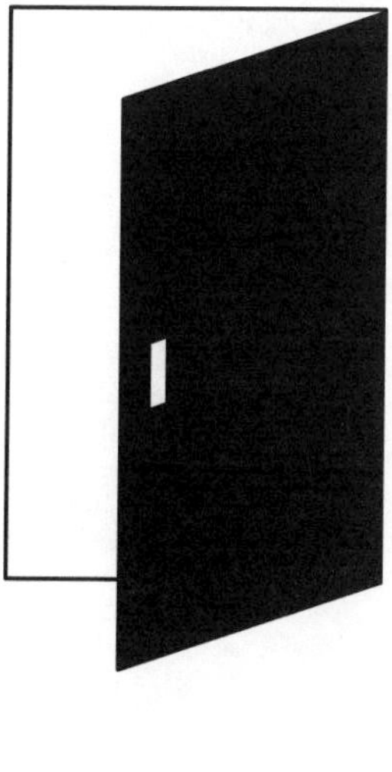

打破慣行教育，為新世代打造的教育經典

班級經營×課程設計×教學引導×親師生互動

目次

「無招勝有招」的境界

——臺東大學師範學院教授、讀寫教育研究者

（簽名）

阿亮是臺東師範學院畢業的，我們有阿亮這樣的傑出校友，我深以為榮。二〇一六年起，我們邀請他回母校分享過三次，每一次都讓學弟妹們得到激勵、感動。有一次我們在餐廳用餐，阿亮分享了很多，又說，他做的是「喇賽」教學法，喇賽是閒聊、扯談的意思。但我從做心理治療的經驗告訴他：「這不是喇賽，這是有縝密設計的教學對話。」

那次晚餐中的談話，讓我想到金庸《倚天屠龍記》裡的故事：

張三丰在敵人面前，傳授張無忌一套太極劍法。

張三丰問道：「孩兒，你瞧明白了沒有？」

無忌：「看清楚了。」

張三丰：「都記得了沒有？」

無忌：「已忘記了一小半。」

張三丰：「那也難為你了，你自己想想吧。」

張無忌低頭默想。

過了一會兒，張三丰問：「現下怎樣了？」

張無忌道：「已忘了一大半了。」

張三丰微笑道：「好，我再使一遍。」提劍出招，眾人大奇，原來第二次所使，和前次竟然沒一招相同。

張無忌沉思一會兒，睜開眼：「我已忘得乾乾淨淨。」張三丰獨喜：「忘得真快！」隨即，張無忌取劍迎敵，一舉制敵。

從劍招的層次，張三丰使出來的是「招式」，招式不可勝數，學不勝學，第一次和第二次演示竟然看起來沒有相同之處。但從劍意的層次，張三丰要教的是「神在劍先、綿綿不絕」，他要無忌忘掉招式，學到以意馭劍，才能應付千變萬化的真實世界。

阿亮和他的同學在大學裡學的教育哲學、教育心理學、教學原理，全部都是招式，而阿亮是少數中的少數，到後來能忘招之後，用聊天、說故事的方式，把教育之劍使得淋漓盡致，讓每一個亮語的孩子、家長和老師能得到最大的啟發，而他的「喇賽」化成文字之後，就是這本散發著喜樂智慧的書了。它和二十一世紀最被看重的正向心理學的主張完全一致，像處處綻放水蓮花的一灣水塘，讀者除了美景清香之外，也瞥見自己，最終會促成對教育劍意的領悟喔！

最大的獎勵是「守護純潔的心靈」

——資深高中教師、教育部師鐸獎得主

「不管，我今天就是要跟老師要到書。」

演講結束後，一位學生緊緊黏著我，不斷地重複這句話。他認為在演講過程中有回答問題，所以他應該拿到一本書。

他是半年來第三個在演講後向我索書的學生。因為臉皮薄，前兩位就送了，但面對這一個口氣不友善的學生，我決定「不屈服」。我充滿疑惑，為什麼教學活動一定要有獎品？直到閱讀亮師這本《不用獎勵的教育之道》才豁然開朗。

亮師在書中提到，獎勵制度並非毒蛇猛獸，問題在於對它「依賴」的程度，如果到了「沒有獎勵孩子就拒絕動作」、「沒有獎勵制度老師就無法教書」，那這肯定是需要調整的。

亮師認為「內在動機」是一切的關鍵，所以不使用獎勵制度。亮師說自己「懶」得在課堂中分神進行加扣分、「懶」得在下課後還得去準備獎勵品，卻做了更多的事情，花更多的時間力氣，成為善於引導的老師、設計更有互動的課程、琢磨讓孩子愛上學習的方法、傾聽孩子內心的想法。

一切，都是為了「教育」。

閱讀這本書，不啻是對自己三十年教學生涯的再審視、再充電。我讀到自己和亮師有非常類似的教學哲學。那就是：教育和教養應綁在一起；我們看的不是成績，是你的態度！

試問，一個以獎勵為學習動機的孩子，日後面對這個世界，是否容易以自我為中心？是否容易把成績當成掠奪的工具？如果我們剝奪了教養，教出這樣「成績好」的孩子，我們的教育算是成功嗎？

想邀請關心教育的朋友，捧起這本有方法、有細節的教育經典，學會亮師經過縝密設計對話的「喇賽式教學法」、引發自學和自律等內在動機的「慢學問教學法」，還有「班級經營」、「教學設計」、「課堂互動」等三大部分的分享。一起正視「新世代孩子」的需求，給他們知識，給他們快樂，也守護他們，不要輕易失去，最可貴的純潔心靈。

學習是最好的獎勵

——資深國小教師、天下雜誌典範教師
林怡辰

我有兩位同事。

A同事在繁華的一級戰區都市教學，一年級的英文老師，每次考試，總是送前五名的孩子一條高級巧克力，每次段考總所費不貲，但同事卻氣得牙癢癢地說：「我花這麼多心力，一年級的小男生卻叫我不要再送，他說他們家除了國外進口的以外都不吃！你說氣不氣人！」

B同事跟我同在偏鄉，任教最難的高年級社會科。六年級的男生，滿頭大汗拿著一顆小小的森永牛奶糖跑來跟我說：「怡辰老師你看！這個是社會老師送我的森永牛奶糖！」

六月天的天氣炎熱，現在孩子物質生活豐饒，還會在乎一顆小小森永牛奶糖，讓我驚訝，但見那顆牛奶糖邊緣稜角已不再，我問：「你怎麼不快點吃？」孩子堅決地說：「不！我要拿回家，給爸媽看過再吃！」

原來，在孩子心中這麼有影響力，是因為社會老師當著全班的面這樣說：「社會老師知道社會科對某些同學比較難，但這些同學，老師都看見他們的認真和努力，他們的筆記從那樣進步成這樣，老師實在太敬佩！這顆牛奶糖雖然到處都拿得到，但這顆不一樣，是老師對他們的尊敬，尊敬他們這樣對自己的學習負責！」

我擔任國小教師近二十年，也沒有獎勵制度，每每被其他老師問起，大家也是一副不敢置信的模樣。不用獎勵制度，讓教學和學習去掉過多的糖衣，回到最初的面貌：內在動機和學習和自己的關係，其實這樣花費的，是更多老師的用心、時間、關心，當孩子真真切切發現學習可以提升自己，帶領自己前往想去的方向，其實是最好的獎勵。

而其中實際點滴的班級經營、課程設計、互動、親師生關係，都在彭瑜亮老師的《不用獎勵的教育之道》裡，誠摯推薦你一起來讀，重新發現不用獎勵，孩子單純為了學習的閃閃眼神，多麼迷人！

只要心法對了，自律一直都在

——資深幼兒園園長、牧村親子共學教室創辦人

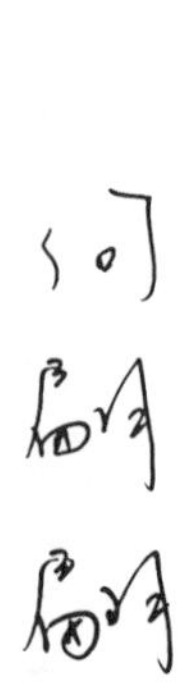

「自律是通往自由的大門。你若不想做，會找到一個藉口；你若想做，會找到一個出口。」好喜歡書中的這句話，孩子自發性的動機才是一切學習的根本，可惜大人有時卻誤以為那些獎勵、那些威脅恐嚇，才是唯一能推著孩子往前走的方法，最後才發現不但累壞了大人，也看輕了孩子。

演講時常常會和家長們提到蒙特梭利女士的「獎懲無用論」，在阿亮老師的書中不但感受到深刻的共鳴，更以深入淺出的實例讓我們了解獎懲帶來的影響，不只如此，大人們拿掉獎懲制度後的不安，阿亮老師也懂，所以他毫不藏私地把他多年來現場真實的經驗與策略呈現給大家，一步步帶領我們用更人性、更尊重孩子的教

育方式完成引導孩子的重責大任。

一直在學前教育耕耘的我，在不斷努力和家長溝通分享之下，慢慢可以得到他們的認同，盡可能拿掉獎懲，用更緩慢、確實的速度陪伴幼兒，欣賞他們靠自己努力得到的成就感；但往往到了小學階段就進入到魔王關，課業壓力、認知學習一加進生活中，家長就容易亂了陣腳，老師似乎也慣性地使用獎懲制度來制約孩子。

還記得當年身為媽媽的我，第一次家長座談會進到小一兒子的班級，抬頭看到黑板座號下滿滿的圈叉，也曾認命地以為這就是孩子的宿命，直到今天閱讀完阿亮老師這本《不用獎勵的教育之道》才發現，原來小學、中學教育也可以有不同的風景，原來只要心法對了，孩子的自律性其實一直都在。

· 第零章 ·

從屁孩到老師：我的教育成長之路

「我們長大不要當老師！」這是我和妹妹從小就說好的事。

原因很簡單：我們的爸爸是高中國文老師、媽媽也是高中國文老師、阿姨是小學老師、姨丈當上了校長，就連爺爺也是退休老師。從小，家中可說是「往來無白丁」，父母往來的叔叔伯伯阿姨幾乎都是教育圈的人，這確實帶給我們兄妹倆豐富的涵養，但同時也覺得——有點膩。

童年的養分

妹妹從小展現過人的藝術天賦，她畫畫、跳舞、唱歌，後來以榜首之姿念了外文系，畢業後投入針對外國商務客的租賃市場，存到錢就背上背包四處自助旅行，現在已經在國外生活，展開了精采的異國人生。那我呢？我從小是個屁孩，愛說愛玩愛搗蛋，總讓爹娘一個頭兩個大，教過我的老師都對我印象深刻（但是好是壞不一定）。

幼稚園時期，我就會故意穿不同的鞋子上學；念小學時搗蛋被叫到教室後面罰站，我會在心中和掛在黑板上方的國父聊天，有時還會不小心笑出來；放學回家的路上，常常撿各種小動物回家，小到蝸牛蟋蟀、大到鴿子小貓，都曾是我衣櫃裡的房客，常把整理房間的老媽嚇個半死。

從小，我也接觸了不少才藝，成了「什麼都學，什麼都不太會」的代表。學珠算卻都偷偷用心算被老師當作神童，數字變大以後就從神壇跌落；和妹妹一起學陶藝，妹妹的作品被媽媽拿去放精緻的手工皂，我的被爸爸拿去當菸灰缸；學鋼琴敲小鼓回家從不練習，上課搞得老師一臉無奈……

看起來很悲慘嗎？其實現在回頭看，覺得自己擁有一部分快樂而放肆的童年。那個對世界擋不住的好奇心，還有什麼都能碰一下的開闊視野，都陪著我一起長大了，也在不知不覺中，成了我教育之路的重要養分。

國中階段，父母分開了，經歷了一番家庭認知的衝擊過後，在父母持續的支持下，我很幸運地能專注在自己有興趣的事情上。

我從小學開始練跆拳道，高中當上跆拳社長，拿過全國性比賽的冠軍，還取得了教練資格；從國中開始彈吉他，後來成了與唱片公司簽約的詞曲創作人；高中開始打爵士鼓，多次在大型演唱會演出，還到音樂教室授課；大學開始跳拉丁舞，拿過全國業餘賽亞軍，畢業後也曾經開班教學。

命運安排的教育之路

而這一串多彩的人生經驗，跟小時候強大的好奇和開闊的眼界脫不了干係，還有一個息息相關的，便是走上了教育這條路，不知不覺中，我似乎活出一套「學而優則演，演而優則教」的人生公式。

記得在高三選填志願時，我和多數人一樣，知道自己不喜歡什麼，卻不知道到底想要什麼。於是在父親一句「不然也填幾個師範體系看看，當上老師也不錯，不想當也可以轉換跑道。」最後，我竟然就這麼進了師範學院。

大學四年，我跨領域修了超過兩百個學分、參加球隊、組了樂團、創了社團、兼了十份家教，還做了一堆荒唐事。這似乎不太像傳統師院生的生活，或許正因如此，我後來成了孩子和父母口中「很不一樣」的老師，其中的關鍵，或許正是這一路的成長經歷。

在演講中，我常跟老師們說「要記得學生時期受過的傷、犯過的錯、看過的風景」，記得受過的傷，會讓我們接住別人接不住的孩子；記得犯過的錯，會幫我們同理別人無法理解的孩子；記得看過的風景，就能當孩子的眼睛，看見世界有多大，人生有多少種可能。

於是在這十多年，從大學家教到畢業實習、從學校任教到創辦亮語，我緊密地陪伴上百個家庭、數千位孩子成長前進，不只是孩子和父母把我寫進了他們的成長故事中，他們更成了我這一路上最迷人的風景。

生命的蛻變：讓孩子發光

或許因為早讀的關係，身材從小就比同儕小一號、矮一截，這樣的自卑感即便在長大長高之後依然存在，於是我很努力贏取眾人的掌聲、追求個人的光環，來肯定自己的存在與價值；卻又往往在夜深人靜時，徒留一室的寂寞與空虛。直到

——我當上了老師。

曾有個小女孩，在家教課時拿出了一張薄薄的粉紅色班刊，角落印著一首她寫的童詩，短短的，很可愛，跟她臉上蕩起的笑容一樣可愛。女孩笑著說：「老師謝謝你教我，讓我可以被放上班刊。」頓時，我心中湧出滿滿的喜悅，這份喜悅不只讓我笑著入睡，更給我一整個禮拜的好心情。

女孩的一份小小作品與感謝，帶來的感動遠大於自己的作品得獎。自此，我似乎找到了自我實現的方式。

過去，試著贏過每一個競爭對手，我努力追求自己的光環，然而人外總有人、天外還是天，再多成就感似乎轉瞬便成了過往雲煙；而當我試著以自己的努力成就孩子，讓孩子能夠自信地為自己發光時，我的生命也因此有了前所未有的踏實。

「人的價值，不在你擁有多少，而在於付出了多少。」這句老生常談，是我在人生路上跌跌撞撞之後最真實的體悟，也是我走上教育路的初衷與目標，分享給打開這本書的你，共勉之。

人一輩子追求的，或許就是「踏實感」，少了它，即便功成名就、家財萬貫，內心依然徬徨空洞；而正是這三個字，替我在每一個十字路口找到前行方向，最後成為了一位這樣的老師。

原來，不是成功會帶來踏實感；而是踏實的生活，會帶你走向成功之路。

· 第壹章 ·

當一個什麼樣的老師

——談「教育路上的迎頭痛擊」

教育，是我的終生志業，但在這條路上，卻充滿了各種挑戰與考驗。有理念與現實之間的拉扯、有個人能力不足的挫敗，而最讓人難受的，是止不住的自我懷疑——懷疑努力方向、懷疑曾經的選擇，甚至懷疑自己存在的價值。

這些考驗，不是只有在夜深人靜才會出現，而是在教學現場中如影隨形。

用心設計一堂課，孩子反應卻不如預期的時候；

熱情拋出問題，台下卻一片死寂的時候；

認真教了一段時間，卻發現孩子沒什麼進步的時候；

辛苦做了班級經營，卻發現孩子斤斤計較或亂成一團的時候；

努力為孩子付出，卻得不到家長認同的時候；

想為孩子多做些什麼，卻發現自己資源能力有限的時候；

孩子遭遇困難，卻發現自己心有餘而力不足的時候……

上述的情況還有一百種，而這不只是我經歷過的考驗，也是許多教育夥伴正在遭遇的困難。會動筆寫這本書，就是想分享自己如何度過這些難關，把自己打磨成一位更好的老師，希望能接住曾經受挫的你、陪伴正在努力的你。

在分享方法之前，先聊聊我在教育路上遇過最艱鉅的三大難題，每一題都衝擊著我的教育觀，甚至差點讓我動了放棄教育的念頭。也正是因為熬過了這三大難關，接下來的教育路才能走得精采而踏實。

教育難題一：「這樣教，孩子學得開心嗎？」

——談被消失的學習動機與情緒

雖說在求學時期的我還未決定是否要走教育之路，但在師資培育的課堂上，也常常好奇許多條條框框的意義與必要性。

記得那是一堂關於「教材教法」的課程，台上的資深教授口沫橫飛地說著教學的步驟方法，坐在台下的未來老師們大都昏昏沉沉，我也聽得意興闌珊。下課後，不知哪來的衝動，我跑去問了教授一個問題：「我們這樣教，孩子學得開心嗎？」

教授愣了一下，緩緩答道：「這不重要，你好好教比較重要。」

或許教授的話中還有弦外之音，但這樣的回應對當時按字面理解的我而言，帶來不小的衝擊——原來孩子的學習情緒，是可以直接忽略的？我想到了當時的英文家教學生。

「喇賽式教學」的誕生

剛接家教不久，我很快就達到一個極高的境界：我一邊上課，學生一邊「嗖咕」——這可是一對一的家教課啊！當時的我心想，才帶一個孩子就可以讓他無聊到睡著，等到我帶一個班，豈不屍橫遍野？但認真想想，這孩子並不排斥上我的課，課程中也有神采奕奕的時候，比如說當我和他聊天的時候……

聊天！

想到這裡，我突然懂了些什麼。

聊天是一件有趣的事情，是分享感受與想法的過程，但內容並未經過規劃，也因此無法聚焦和系統化；而教學是一件需要系統化、目標明確、內容飽滿的事情，卻常常因為目的性太強或缺乏彈性而讓聽者興趣缺缺。我開始思考：教學，可不可以是一種分享？就像吃到太美味的烤布蕾忍不住向朋友推薦那樣，對孩子分享著自己生命中熱愛的一切，比如物理的趣味、比如文字的動人。只是，這樣的分享需要經過更嚴謹的規劃、更系統化的安排。

於是，我開始著手嘗試「將聊天與教學結合」。

或許是我當時對英文真的很有熱情，加上喜歡和人聊天的個性，試了沒多久，書房裡都是我和孩子聊天的聲音，有時岔出去，有時扣回來，孩子整堂課都精神抖擻，不但成績進步了，也和我建立了亦師亦友的關係。這樣的風景出現在後來的每一個家教學生的書房，每一個家教班的教室，以及每一個校園的班級裡頭。幾位二十年前的家教學生，現在依然保持密切的聯絡呢！

當有人問起我這讓孩子一整堂課都興致盎然的教學法，到底是何門何派？我總開玩笑地說，這叫「喇賽式教學」。直到多年後一次與曾世杰教授的對談中，他語重心長地告訴我：「阿亮，你這絕對不是喇賽，而是經過縝密設計的對話啊！」

在教授的提點下，我意識到這件事情的重要與價值；而這一切的起點，就只是想要上一堂「讓孩子想要上的課」的起心動念。

正視「新世代孩子」的需求

在大大小小的研習中，我常問台下的老師們：「是否在意孩子的學習動機和情緒？如果在意，那為此做了什麼？」通常在第一個問題，會有半數以上的老師點頭；到了第二個問題，老師們便會出現若有所思的表情。

從過去到現在，教學現場總能聽見一句老話：「學習，是學生的本分。」這句話本身沒有錯（改成「本質」更貼切），但若仗著這句話而直接選擇忽略孩子的學習動機，認為「學生本來就應該專心上課」，那就與現場的真實情況相差甚遠，尤其在資訊爆炸、選擇多元的現代更為明顯。

這可不是因為「世風日下，人心不古」，而是因為相較於過去「知識把持在老師的手裡」以及「靠讀書翻身」的年代，現在孩子生活中充滿各種知識與資訊的刺激，未來也有更多的選擇和可能，「你講我聽」的模式早已無法符合現在孩子的需求。

更何況，人本來就是情感的動物，在不感興趣、缺乏意願的情況下強求，絕對讓結果大打折扣，就像強迫人吞下不愛吃的食物那樣難以下嚥，和不喜歡的人交往那樣度日如年。而這樣的影響並非侷限在孩子身上，父母老師、任何人都是，只是孩子背負著「學習本分」的包袱，即使有再多的不想不願，也只能把委屈默默往肚子裡吞。

吞久了，可是會生病的。最常見的病徵，就是「喪失學習動機」，不想上學、不想學習，然後漸漸擴散到凡事都不感興趣，只要見過這樣孩子的人，一定會知道這種情況的嚴重與可怕；而更可怕的是，這樣的情況正在不斷蔓延，而且年齡層也逐漸下降。

回到前面問老師們的問題：你在意孩子的學習動機和情緒嗎？只要答案是肯定的，那麼你已具備一位「人師」的條件，接下來，就是要找到適合自己和學生的做法（喇賽教學不是唯一的方式，不是每個人都善於聊天）。我會把自己這些年的心法和方法，整理在後面的章節和大家分享。

看進孩子的雙眼，關注他內心的感受。哪怕只是一句「還好嗎？」都能在孩子埋首苦讀的熱浪中，吹起一陣涼爽的風，讓他不至於窒息，片刻好好呼吸。

教育難題二：「我看的不是成績，是你的態度！」

——談成績背後的巨大迷思

關於成績的意義，我們先來進行一個極端辯證的嘗試：如果必須選擇一個，你會希望自己的孩子「很在乎成績」還是「不在乎成績」？

在我的經驗中，當大家知道沒有「適度在乎」這個選項之後，多數人會傾向選擇「很在乎成績」，原因不外乎「在乎了至少還會讀書，不在乎就會擺爛了」、「成績也反映了孩子的學習態度，態度好成績自然就會好」。

大家也會因為我提出這個辯證，推斷我是屬於「別管成績、快樂學習」那一派，但事實上並非如此。反之，我常說不要輕易告訴孩子「成績不重要」。原因有二：

其一，是因為那是大人在出社會之後的體會與觀點，孩子可能無法理解其中真正的意思，甚至作為放棄努力的藉口；其二，這可能會讓孩子覺得你不食人間煙火，不了解他們的世界，因此距離孩子越來越遠。

但同時，我也不認同有人打著人生哲理的大旗，來美化盲目追求成績這件事。以下四點，都是很常聽到的，對於成績的看法與迷思：

迷思一：成績代表「學習態度」

很多孩子很認真學習，卻很難反映在成績上；也有成績很好的孩子其實沒那麼認真，但很擅長得分。成績，真的能衡量學習態度嗎？

有孩子國中名列前茅，進了第一志願後持續吊車尾，他告訴自己「成績不好沒資格玩」，於是更認真卻依然倒數，後來進入拒學和社會退縮的狀態；有高三生因為成績掉了幾名而試圖輕生，後來被發現救了回來，卻再也不想碰書；有普通班的孩子，人緣好、運動好，但成績不好，被老師冷言冷語「會運動有什麼用」，孩子哭著問我：「我成績不好是不是就沒價值了？」

以上都是真人真事，而且絕非少數。只是多數大人不會在乎，他們的聲音也不容易被聽見罷了。

成績絕對無法直接等同於學習態度，頂多可以說是作為學習態度的參考，若是真的想要了解學習態度，得靠平日對孩子的觀察和對談；只從成績來斷定孩子的學習態度，不但會讓自己和孩子漸行漸遠，更有可能造成孩子心中的巨大壓力，得不償失。

迷思二：成績是為了檢視學習狀況

如果只是為了檢視學習狀況，為何需要打成績？只要觀察學習狀況，或是檢討答錯的題目、討論內容即可。就算是要「跟自己比」，每份不同的考卷，難度、目的、題目類型都不盡相同，多一分少一分很難有固定標準。

是否有人想過，究竟為何要在考卷上打成績？

打成績的目的，通常是為了排名排序，方便篩選出誰是「優秀」的孩子、哪些是升學的「安全範圍」、哪些人才是「合格」的狀態，說穿了是方便大人用來「比較高低」和「篩選分類」，以及將教育成果「量化」以利統計與呈現罷了。

認真想想，成績高低並不完全取決於孩子的學習，和出題方式以及答題運氣也脫不了干係。更諷刺的是，成績甚至有可能干擾學習，孩子很可能因為得分了就以為自己會了、因為不會考就選擇偏食、因為分數低而失去學習動力。

迷思三：成績只是學習的參考

確實，成績原來只是學習過程中的參考值；但在實際課堂上，卻常常淪為「控制學習」的工具。

「這個會考喔快聽！」於是全班瘋狂抄筆記；

「這又不會考幹嘛要學？」學生一臉不屑撇過頭；

「再吵全班通通扣分！」老師憤怒大吼；

「幫忙做佈置的，加服務時數和嘉獎兩支！」全班瘋狂舉手。

曾有老師忿忿不平地說，自己也是升學主義的受害者，要不是體制如此，自己也很痛恨考試。理解老師的想法後，我進一步詢問：「如果真是如此，那麼除了教育部和校方規定的考試之外，是否就不會再安排其他小考？」老師沉默了，身邊的其他老師們也一起沉默了，大夥兒靜下心之後，開始說出自己內心的感受，最後得出一個結論：

「如果拿掉考試，我們沒有其他辦法讓孩子想要念書、想要學習。」

這樣的結論好沉痛、好無奈，成績早已從「過程」成了「目標」，於是考試也從「輔助」變成「目的」。但至少，找出了癥結點，就是進步的開始。

迷思四：追求成績的過程，也是在探索自己的興趣

在我的觀察中，成績對孩子的興趣探索有限，甚至成了探索的障礙。

曾有孩子告訴我大學想念國文系，我試著跟他聊古文八大家、聊現代文學、聊

文字創作，沒想到他不是不了解就是不感興趣，最後才知道選擇的原因是因為「國文考試分數比較高」，而非對此領域感興趣。

很多高三的孩子會用較高分的「科目」選擇「科系」，這是危險的，一是科目完全無法代表背後的領域，二是許多大學科系在高中階段都沒有對應的科目，若只把心思放在追求科目的成績，就會錯過探索背後領域的機會。

太多孩子盲目追求的只是所謂的「最好」（文優則法商、理優則醫電），而從不知道自己要什麼；太多孩子在練習成為考試機器的過程中失去探索與嘗試的機會，甚至失去了對於學習的熱忱。

如何「看待」成績

談了這麼多迷思，我仍然不會輕易告訴孩子「成績不重要」，因為有人群的地方就有競爭，有競爭的地方就有比較，有比較的地方就需要成績；而真正重要的，是孩子「如何看待成績」。我曾聽過，一個很美很美的真實故事：

有個女孩數學考不及格，母親得知後一臉焦急，女孩安慰母親說：「我只是成績考差了，我還是很喜歡數學啊！」孩子臉上不見一絲沮喪，「不會的題目我都問同學問懂了，看看下次能不能考好一點。」

很多孩子進了學校後，學習胃口卻壞掉了，那是我們所不樂見的。如何在學習和成績難以鬆綁的現實生活中，建立孩子健康的心態、正確的價值觀，以及生存的平衡點，在成績存在的既定事實下，還能夠專注在學習之中，讓孩子「想學、能學、愛學」，是值得大家一起思考和努力的課題。而且，刻不容緩。

成效可以量化，但愛不能。撥開數字的迷霧，看見孩子的本真，會想起很多重要的事情，比如愛孩子的理由，比如當老師的初衷。

教育難題三：「老師，答對了有什麼？」

——危機四伏的獎勵制度

這個教育難題，是本書的核心，我會用比較長的篇幅帶大家感受、思考，和理解，相信會帶來不小的衝擊。

剛畢業不久，我到一間小學代課，那是一個三年級班，再過一個月就要放暑假了。在教室裡發生的事情，讓我背脊發涼，那畫面至今我仍印象深刻。

開始上課不久，我拋了一個問題給台下，幾個孩子陸續舉起了手。我點了一個離我最近的男孩，男孩開口了，卻不是回答我的問題，而是問了另一個問題：

「老師，答對有什麼？」

「有……答對就代表你會了，很棒啊！」這問題來得太突然，我有點不知所措。

「蛤——就這樣喔！那沒事了。」說完，男孩就把手放下了，後面幾隻原本舉起的手，也紛紛跟著放下，像是一朵朵瞬間凋謝的花朵。我不確定凋謝的是孩子的學習意願，還是我對教育的想像。最讓人震驚的是：這群不到十歲的孩子，是被什麼東西餵養長大的？為什麼會這樣？

很快，我便理解了情況：這是一個大量且徹底使用「獎勵制度」的班級。

隨處可見的「獎勵制度」

「獎勵制度」（或是加上懲罰的「獎懲制度」），在我們的教學現場相當普遍，幾乎是隨處可見。

在黑板的左側，常常都會有一個團體計分表，早期常用正字記號，或是各種顏色的磁鐵來加扣分，後來有的會改良成爬上爬下的無尾熊或消防員；而在後面的佈告欄，或是教室側面的柱子上，可能還會有個人的加扣分表，有時候會用「紅點點和綠點點」來代表正分和負分。

這些累積起來的分數或點數，可以拿來交換老師準備的獎勵品，有的老師會很用心準備獎品，甚至還聽說過老師會自行添購小型的夾娃娃機或扭蛋機放在教室後面，孩子可以用點數交換啟動機器的代幣。

許多學校也會有類似的制度，比如各班前三名或特殊表現的學生可以獲得獎卡（「整潔秩序比賽」優勝的班級還可以全班一人一張），累積足夠的獎卡就可以到教務處換獎品。記得在我小時候，學校就舉辦過「閱讀小博士」的競賽，借閱十本書可以換一張小獎卡，十張小獎卡可以換一張大獎卡，累積三張大獎卡就可以和校長合照。（我一直想不透，為何和校長合照是最大的獎勵……）

除了學校，有的家庭也會有類似狀況，比如冰箱門上面會貼著一張「家事記錄表」，上面記錄著「搥背十塊錢、整理房間三顆星星」之類的紀錄。在我的童年裡也有這樣的記憶，只要我睡前把書包和桌面整理好，就可以獲得十塊錢的獎勵。當時我把這個任務用五塊錢「發包」給小我四歲的妹妹，等她幫我整理好之後再去向爸媽請領十塊錢的獎勵，再把五塊錢分給妹妹，不但不用親自動手，還可以賺五塊錢的價差。（現在想想，當時的自己實在太聰明了……）

在小學階段，上述「獎品、獎卡」這類型的物質獎勵或代幣制度較為常見；到了國高中階段，通常就是以「分數、嘉獎」來吸引或制約學生，除了常見的用「考試分數」來要求學生讀書、以平時成績來規定學生要交作業之外，我還聽過更誇張的：某國中為了提升班親座談的出席率，祭出「來一個大人記一支嘉獎」的好康，後來聽說有家庭包了一台小巴，把三叔公、二嬸婆都載來了……

說了半天，就是要讓大家感受到獎勵制度是如何的無所不在、無孔不入。但不知有沒有人想過，這樣的制度為何會在教育和教養的現場這麼普遍？

失去心靈的心理學

沒錯，就是「行為動機」。

只要稍微觀察一下，這些能夠得到獎勵的條件，大都是「大人想要但是孩子不見得想做」的事情，比如：舉手發言、用功讀書、整理房間、完成作業……，當孩子無法「發自內心」地想要執行某些任務的時候，我們就透過「外在誘因」提升孩子執行的動力。

這樣的心理運作機制，稱之為「操作制約」。簡單來說，就是透過「獎勵」來讓人更想做某件事，或是透過「懲罰」讓人不想做某件事。前者稱之為「增強」，後者稱之為「削弱」。

然而，這個心理學理論的時空背景，建立在「行為主義」的全盛時期，大多數的實驗都是以動物實驗為基礎，排除了自主思考和個人情感（因為當時認為對看不見的事物進行科學研究沒有意義，所以只研究看得到的事物）。雖然聽起來有點荒謬，但當時提倡的說法是「人只會因為外部的刺激而行動」、「人沒有自己的意志和想法」，因此被譏諷為「失去心靈的心理學」。

換句話說，當我們執行「獎勵（懲）制度」（行為制約）的時候，重點是放在「如何讓孩子的某種行為出現或消失」，而非探討孩子的「內心世界」；然而，無論是獎勵還是懲罰，其實都存在相當高的風險，甚至會造成反效果。

獎勵與懲罰，都有風險！

以字面上來看，獎勵彷彿就是甜美的糖果，而懲罰就是危險的毒藥；但在心理層面來看，無論獎勵還是懲罰，很可能都是有毒的。來看看獎勵的風險和懲罰的危險：

● 獎勵會提升「勞動力」而降低「創造力」

最有名的實驗稱之為「蠟燭難題」（The Candle Problem），參加實驗的人會看到桌上放著一盒圖釘、一根蠟燭、一盒火柴，而他們的任務是要想辦法把蠟燭點燃並固定在牆上，蠟油不能滴到桌上。經過不斷嘗試，唯一的解決辦法是用圖釘把盒子固定在牆上，然後再把點燃的蠟燭放在盒子裡（如後頁圖一、圖二）。

參加實驗的人被分成兩組，一組被告知最快完成的一群人將得到獎金，另一組則直接進行。猜猜看，兩組完成任務的速度會有落差嗎？如果有，哪一組會比較快呢？

答案是，有！平均時間整整差了三分半鐘，而且是「無獎勵組」比「有獎勵組」快了三分半鐘——沒有獎勵的組別竟然比較快，很讓人意外，對吧？

實驗還沒結束，第二回合同樣分成兩組進行挑戰，唯一的差別是，一開始道具的擺放方式被改變了，圖釘不是放在盒子裡，而是直接放在盒子外面（如圖三）：

這一回合，「有獎勵組」的速度遙遙領先「無獎勵組」。這個實驗在不同的國家、年齡、性別中進行測試，結果竟然都是一樣的。

其中的關鍵，在於「紙盒有沒有被派上用場」。

第一回合，圖釘被放在紙盒裡，讓紙盒看起來就像是個裝東西的容器，而非可以使用的道具，受試者需要更高度的思考能力，也就是「跳脫框架的創意思

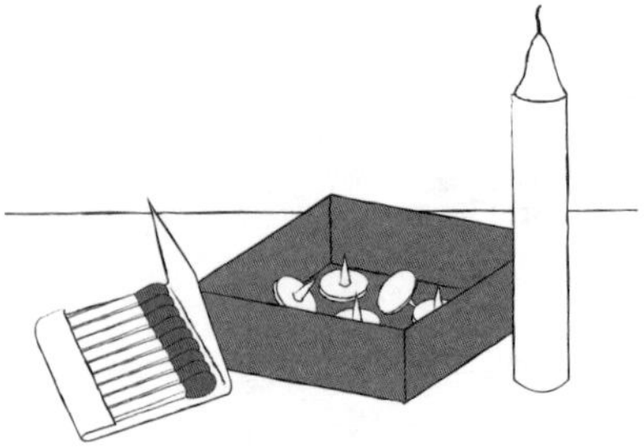
圖一：實驗用品

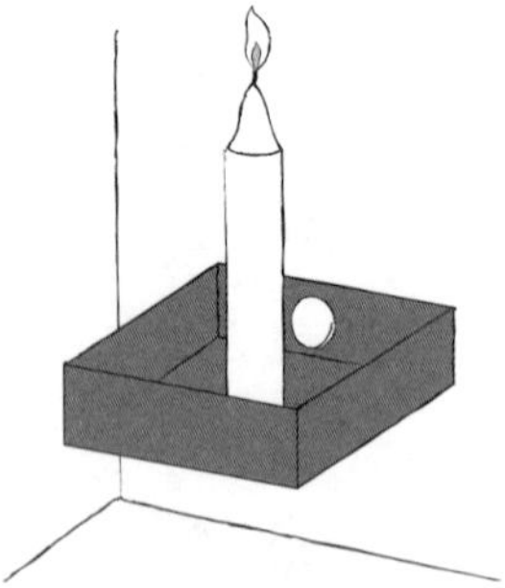
圖二：解決方法

維」，才能發現到原來紙盒不只是容器，而是可以使用的道具；第二回合，紙盒、蠟燭、圖釘被單獨擺放，受試者一眼就能看出紙盒也是道具之一。

那為什麼「有獎勵組」會在第一回合落敗，卻在第二回合獲勝呢？經過分析，原因是出在當獎勵制度出現時，人的專注力會集中在「如何達到目的」而非「如何解決問題」，換句話說，**獎勵制度會限縮人的思考能力和視野範圍**。

這個實驗後續被應用在企業管理中，發現獎勵制度對於「勞動力大於思考力」的藍領階級非常管用，而在「思考力大於勞動力」的白領階級卻產生反效果。以教育的角度來看，如果你認同「創意思考、問題解決」是教育的重點，那麼便能理解這件事情在教學上運用的風險。

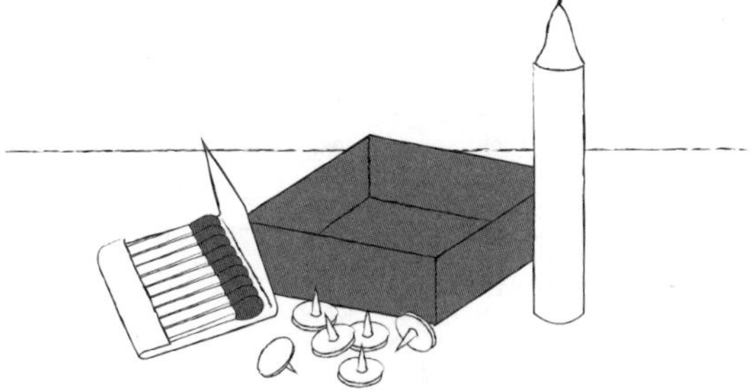

圖三：調整擺放方式

•獎勵有可能讓人失去內在動力

有個小故事是這樣的，有一群孩子都會在晚上到公園踢球，住在公園旁的老人不堪其擾，於是想出了一個溫和又有效的方法。

第一天，他把孩子集合起來，告訴他們自己很享受他們踢球帶來的熱鬧，於是給每個孩子一百塊錢請他們務必天天來；第二天，老人只給了五十塊，孩子們有些失望地離開；第三天，老人不打算付錢了，孩子們生氣的說：「我們這麼努力來這裡踢球，卻沒得到任何獎勵，以後我們不來了！」終於，老人找回了清閒的夜晚。

有看懂發生什麼事了嗎？孩子原本是發自內心來踢球的，老人卻巧妙的把「發自內心想踢球」的內在動機，移轉成「為了錢來踢球」的外在動機，然後再進一步消滅外在動機，而孩子踢足球的行為也隨之消失。這看起來很像寓言的故事，其實來自於著名的「德西效應」，心理學家德西做了這樣的實驗：

德西把受試者分成兩組進行「積木組合」，一共進行三回合，每一回合結束後，德西都會離開房間請受試者稍候，然後進到另一個房間觀察受試者會不會在實驗結束後繼續挑戰組合積木。

第一回合，兩組的結果差不多，大約有一半的人會繼續嘗試組合積木；第二回合，德西在挑戰前告訴其中一組「組得越多獎金越高」，另一組則直接進行，結果「有獎勵組」幾乎所有人都在實驗結束後繼續嘗試，而「無獎勵組」嘗試的人數比第一回合略微增加；關鍵的第三回合來了，德西告知「有獎勵組」這次沒有獎勵了，而「無獎勵組」依然直接進行，這次「有獎勵組」在實驗結束後幾乎沒有人繼續組合積木，而「無獎勵組」持續組合積木的人數仍在上升。

經過反覆的實驗之後，德西做出了分析：第一回合在實驗後繼續組合積木的受試者，都是來自於內在動機（是自己主動想要嘗試，沒有外在誘因），而第二回合用獎勵組用獎勵製造了外在動機，讓所有人的迅速有所行動；而第三回合拿掉外在動機之後，就連原本有內在動機的人也不再行動。德西最終的結論是：**外在動機出現，很有可能會侵略原本的內在動機**。

（還有一個心理學的理論叫做「過度辯證效應（overjustification effect）」，談的也是「外在動機會減損內在動機」這件事，有興趣可自行研究。）

•獎勵可能會導致行為偏差

前面有提到，行為制約的重點在「外在的行為表現」而非「內在的想法動機」，於是很有可能出現「為達目的不擇手段」的情況，比如：考試時受試者為了取得高分而作弊、比賽時陷害對手以取得勝利、做研究時竊取別人的努力來幫助自己（還記得我把整理房間的任務外包給妹妹嗎），這些都是過度強調外在誘因而產生的惡果。

同時，也因為對於內在動機的忽略，有可能讓孩子產生對獎勵的依賴，需要外在誘因才願意有所行動，如此對自主性和自制力不但沒有幫助，甚至還會造成價值觀的偏差。而沒有自主性和自制力的孩子在未來世界會有多辛苦，這是你我都知道的事。

• 懲罰更危險

把前面獎勵的情況從負面切入，都可以以此類推。比如把蠟燭難題的「獎勵制度組別」變成「懲罰制度組別」（比如動作比較慢的組別要交出一千塊），相信也會是相同的結果。問題在於：懲罰會讓人學到教訓，將那份恐懼烙在心裡，但這份恐懼反而會讓人無法思考事情本身的是非對錯，對於價值觀的修正幾乎沒有幫助。

甚至，很多的懲罰很可能夾雜著過度的情緒，一不小心就會出現過重的語氣、過多的負荷，造成身體與心理的傷害，不但無法修正孩子的行為，反而會造成排斥與恐懼，甚至破壞師生關係或親子關係，必須留意。

老師，我可以不要獎勵嗎？

在設計或執行獎勵制度的時候，都會預設「大家都會想要獎勵」，卻沒想過獎勵很可能是一種壓力，甚至會造成傷害。分享幾個真人真事：

・番茄女孩

為了進行實驗觀察，自然老師在班上種了一株小番茄，由孩子們輪流澆水照顧，大夥兒成天盼哪盼的，好不容易結出了兩顆鮮豔欲滴的小番茄，每個人都好想一嚐滋味。

在月考成績出來的那天，老師把番茄摘了下來，全班驚呼了一聲，只見老師緩緩走到考第一名的小莉身旁，把番茄放在她的桌上說：「你是第一名，所以只有妳可以吃，大家要向她看齊！」小莉轉頭看向全班，幾十對眼睛裡燒著羨慕與嫉妒，小莉「哇——」的一聲哭了出來：「老師，我可以不要吃嗎？」

・閱讀女孩

小予是個很聰明的孩子，平時話不多，即便到了課業繁重的國中，依然不太需要花太多時間念書，還可以大量閱讀課外讀物，成績依然名列前茅。而在她心中最痛苦的一件事，就是每次段考完要上台領獎。她覺得自己並沒有花太多時間準備，也從不是為了得獎而念書。

終於，她鼓起勇氣詢問老師：「我可以不要上台領獎嗎？」老師毫不猶豫地回應：「當然不行啊！能夠上台是很難得的機會，要懂得珍惜。」

•冷眼男孩&自尊女孩

阿維是個腦筋靈活，但不愛念書的孩子；坐在一旁的佩佩是班上的優等生，但很少聽到她的聲音。每次當老師說「只要答對就可以加分」的時候，阿維總是冷眼旁觀，一副事不關己的樣子，一旁的佩佩也沒什麼反應。

這天，老師忍不住問他們為什麼都不舉手搶答？阿維說：「我又不想要加分，為什麼要回答？」老師愣了一下，視線移向旁邊的佩佩，佩佩冷靜地說：「有時候聽到問題其實會想要回答，但聽到老師說要加分，就覺得舉手好像就是為了加分，我反而就不想回答了。」

從上面孩子們的情況可以看得出來，獎勵制度的實際效用和想像之間有很大的落差。

大家可以觀察看看，真正會去爭取獎勵的，基本上都是少數人。比如一個班三十個人，為了符合比例原則，頒獎通常只頒到前三名，前一次考了第六名的孩子，可能會想要爭取看看；但如果前一次考第十六甚至二十六名，肯定就覺得與自己無關了。

如果把獎勵制度用在小組競賽上，也可能直接或間接帶起「愛計較」的風氣（越在乎就越有可能計較，越不在乎就越難推動競爭，好矛盾），比如在課中會聽到「老師我們這組沒加到分！」「他們那樣應該不算吧！」這樣的聲音，或是對自己組員抱怨「哎呦都是你啦！害我們被扣分……」

這樣的聲音並非在每個使用獎勵制度的班級都有，但確實也是大家很常聽到的狀況，很值得留意。

「獎勵制度」一定不好嗎？

談了這麼多獎勵制度的問題與風險，那麼只要使用了獎勵制度，就表示一切都糟透了嗎？

其實不然。獎勵制度並非毒蛇猛獸，問題在於對它「依賴」的程度，如果到了「沒有獎勵孩子就拒絕學習」、「沒有獎勵制度老師就無法教書」，那這肯定是需要調整的；但如果只是班級或家庭的趣味活動，有了會增添趣味，拿掉也沒有影響，那其實是不用擔心的。

•增添趣味性

我曾聽說過一位被稱為「新貴派老師」的高中班導師，他固定在抽屜裡放一盒新貴派，如果出現表現優異或是回答精采的孩子，新貴派就會劃過天際落在孩子手中，老師和孩子都會有默契地相視而笑。我想，高中生應該不會為了新貴派而發憤圖強，或是因為拿不到新貴派而意志消沉，那是師生間的一種默契、班級互動的一分趣味，何樂而不為？

又或者我們以「回饋」取代獎勵品，當看到孩子出現正面行為時，給予立即性的口頭肯定或是公開表揚，進而給予前進的動力，這樣的作法便能將外在動力逐漸移轉到內在成就，讓「獎勵到鼓勵」的過程，孩子不至於失重。

•同理很重要

有些獎勵制度掌控在老師手裡，老師可以自行決定是否要進行；但有些是學校甚至是制度的整體方向，那就不是老師可以左右的了。

比如面對各種孩子必須要參加的大型考試，這些考試並非以「幫助學習」為導向，而是以「測驗程度、爭取成績」為目的。很多老師會因為怕孩子懈怠，於是會在平常也大量增加許多這類考試，且不斷「恐嚇與利誘」孩子（「現在不……未來就一定……」或是「如果現在有……那就可以……」），而這樣的策略往往都會造成反效果，很容易讓孩子出現壓力過大、自我放棄，又或是汲汲營營、價值觀扭曲。

那麼，我們還可以做什麼？「同理」是一個重要關鍵。

我們先承認獎勵（考試）制度這件事本身的問題，然後陪孩子一起面對，讓孩子感受「雖然這件事糟透了，但有人會陪我一起度過。」當這樣的感受出現，便有了雙層意義：第一，當孩子知道「這件事糟透了」表示價值觀是正確的；第二，有人陪我一起度過，讓孩子不至於被拋下。甚至可以延伸到未來人生還有很多這樣的事情，但總是有辦法度過的。

當孩子具備這樣的認知和力量，就有機會把獎勵制度的傷害降到最低，只留下對於自我目標的追尋，或許也是一種前進的能量。

•獎品VS禮物

這兩件事情是截然不同的，必須釐清。

獎品，存在著「固定規則」與「對價關係」，也就是「當你做到A，我就給你

B，而且有程度上的差異」。比如累積三張獎卡就可以換一枝彩虹筆，十張獎卡換一盒彩色筆，或是讀十本書記一支嘉獎、三十本記一支小功。

禮物，具備「非固定性」與「真心誠意」的特性，比如我們看到孩子主動整理回收物，於是我們送他一隻大眼蛙公仔，告訴他：老師在他的眼裡看到跟這隻大眼蛙一樣的澄澈美好，所以想要送給他。

獎品，很容易就成為外在動機，讓孩子斤斤計較；禮物不會，再小的禮物都可以在老師的用心之下別具意義，讓孩子感到欣喜。相較於口頭的肯定鼓勵，禮物是一個更為具體的東西，想像那位收到大眼蛙的孩子，可能就把它放在鉛筆盒隨身攜帶，或是放進自己的回憶寶盒裡，適時地送一點小禮物給孩子，也是一個可以考慮的選項。

● 進場與退場

有老師把獎勵制度當作一開始啟動孩子學習行為的方式，但是會全力讓孩子在行為過程中產生認同與成就感。

比如用點數獎品鼓勵孩子拿起書，之後透過引導分享，讓孩子愛上書的內容，感受到閱讀的樂趣與魅力，就算不給予獎品點數孩子也會想要把這本書看完，甚至拿起下一本書，如此孩子便是對於行為過程本身產生了內在認同感，而非外在的獎勵誘因。當孩子的習慣逐漸養成、外在動機漸漸內化之後，就可以讓已經不具必要性的獎勵制度默默退場。

對於還不太擅長直接引起內在動機的老師而言，規劃好獎勵制度的進場與退場——先以獎勵制度帶動孩子的行為，然後將外在動機逐漸內化，最後將獎勵制度拿掉，讓孩子以內在動力持續前行——也不失為一個好方法。等到老師具備直接引起內在動機的能力，便可以完全不使用這樣的制度。

「內在動機」是一切的關鍵

那麼，為什麼我不使用獎勵制度呢？

除了被當年代課的畫面嚇到，加上想到這麼多的風險之外，最重要的關鍵在於——我很懶！我懶得在課堂中分神進行加扣分、懶得在下課後還得去準備獎勵品、懶得花心思去設計有趣又公平的制度；我想把時間心力通通用在我最愛的教學上，讓孩子和自己都能更專注在更重要的地方。

我懶得使用獎勵制度，卻做了更多的事情。我花了更多的時間力氣，練習成為善於引導的老師、設計更有互動的課程、琢磨讓孩子愛上學習的方法、傾聽孩子內心的想法。一切，都是為了「內在動機」。

看完前面的內容便可以理解，獎勵制度的原理，是利用具體或抽象的增強物（獎品、分數、遊戲時間）來引發孩子的「外在動機」（為了得到B所以做A，而不是因為想做A而做A），而外在動機的強弱，往往和增強物對孩子的吸引力有很大的關聯，當孩子年紀或胃口變大，增強物也得不斷「升級」。

換句話說，引起外在動機很快也很容易，只要給予更高級或有吸引力的獎品或分數，都能立刻看到孩子出現期望的行為；但來得快，去得也快，一旦停止增強物，外在動機很可能會跟著消失。於是依賴獎勵制度行動的孩子，也難以養成自學的能力和自律的習慣。

真正深刻、強大，而長久的，是「內在動機」。

根據國家教育研究院的資料，內在動機指的是「個體在某種活動過程中獲得滿足與喜悅感後，這種喜悅與滿足感會促使個體繼續或加強此種活動進行的內在動力」，行為越是基於內在動機，我們越能得到發自內心的滿足感與成就感。我們都希望教出有自制力和自主性的孩子，這也是為什麼教育和教養都是一門「慢學問」，一旦孩子的內在動機被引發，有了自學和自律的力量，一定會看到截然不同的風景。

而「慢」不等於「沒有效率」，要如何有效率地引起孩子的內在動機？我又是如何打造一個又一個沒有獎勵制度的班級？沒有獎勵制度，那到底有什麼？接下來分成「班級經營」、「教學設計」、「課堂互動」三個部分和大家分享。

「教育不是注滿一桶水，而是點燃一把火。」

倒掉外頭的水，點燃孩子內心那把求知的火，熊熊烈焰，可以燎原。

第壹章・重點提醒

- 孩子的學習情緒是一條曲線，起起伏伏很正常。若在意孩子的學習情緒，便有機會拉近和孩子的距離；若教學本身能夠提升孩子的學習情緒，學習效率也會跟著提升。
- 新世代孩子的成長環境與價值觀與過去大不同，用「學習是學生的本分」來要求孩子是沒有實質意義的，必須透過教學形式與內容上的調整，才能幫助現代的孩子。
- 不要輕易告訴孩子「成績不重要」，但也不要陷入追求成績的迷思。重要的是老師和學生如何看待成績這件事，以及是否知道教與學的本質。
- 獎勵制度強調「外在動機」，建立於忽視情緒感受的「行為主義心理學」之上，大量使用的風險相當高；若能成功引起孩子的「內在動機」，則可以降低甚至捨棄使用獎勵制度。

·第貳章·

最動人的「亮點式班級經營」

——打造一個大家都想加入的班級

對於有修過教育學程的人來說，「班級經營」四個字肯定再熟悉不過，因為它幾乎是所有師資培育課程裡的必修課，而「獎勵制度」也正是班級經營中的重要方式。

我的班級經營中雖然沒有獎勵制度，卻有許多珍貴而美好的心法與方法。曾有老師聽完我分享班級經營的策略後，興奮地說：「這套系統裡，每個孩子都有機會閃閃發光，可以把它稱之為『亮點式班級經營』！」我覺得這名字很美好，決定讓這個稱號在此首度公開亮相。

我常在演講中問老師們兩個重要問題：

「班級經營到底要經營什麼？」以及「老師在班級經營中扮演的角色是什麼？」這個問題常問得老師們一開始面面相覷，之後便能引起熱烈討論。接下來就從這兩個問題分別切入，將這套「亮點式班級經營」一一抽絲剝繭，介紹給各位。

一、亮點式班級經營的「教師角色」

——老師該提醒孩子吃藥嗎？

「老師，中午麻煩提醒孩子吃藥。」

「老師，如果天氣冷了請提醒孩子要穿外套。」

「老師，孩子帶了玩具去學校，請提醒他記得帶回家。」

這些父母的要求，相信許多小學甚至國中老師都不陌生。值得探討的是，老師到底該不該扮演「保姆」的角色？

團體生活中的成長練習

老師和保姆用了兩個不同的名稱來定義，社會分工也隸屬不同的角色，培訓的方式與具備的專業也截然不同，邏輯上來說，老師當然不是保姆，也不該做保姆要做的事情；但以實際情況來說，老師也不希望孩子感冒或搞丟東西，父母通常也只是希望老師提醒或協助，真的要做好像也不是做不到。

到底，老師該不該進行這類型的客製化協助呢？若撇除超過孩子能力所及（比如「太重拿不動」）或特殊需求（比如「需注射胰島素」），原則上是「不應該」的。

孩子離開家到了學校，尤其是上了小學以後，要學習的一大重點是「團體生活」，而團體生活的重點，包含「自我負責、分工合作、人際溝通、團隊紀律」等。簡單來說，就是孩子要學會在人群中做到「幫助自己、幫助別人、互相幫助」。

學校是一個小型社會，而班級是裡頭的分支，聚集了一群年齡或興趣相仿的孩子，孩子們要在與同儕相處的過程中不斷自我訓練與累積經驗，從小學、中學到大學，各階段都有不同的課題要學習，待到出社會就是一個完全獨立的個體了。

換句話說，孩子進入團體生活之後，需要學習如何「提醒自己」，而不是交由老師來提醒。

「不能提醒？」這句話可能會嚇壞很多人。不是不能，而是不做「沒有幫助的提醒」，如果孩子持續處於「你沒提醒我就會忘記吃藥」或是「你沒要求我就不會穿外套」的狀態，那麼提醒就不會產生實際的幫助，甚至會養成孩子的依賴性。

老師的關鍵角色

了解孩子需要學習的內容之後，那老師該扮演什麼角色，才能真正幫助孩子成長？「觀察」和「引導」，是老師必須扮演的關鍵角色。

• 老師的觀察能力

孩子在家裡與學校的表現，常常會有一定的落差，因為團體生活勢必得做到一些和家中不同的內容，比如團隊合作中的相互尊重、比如群體生活裡的約定與紀律。

於是，老師的觀察就顯得格外重要，因為老師才看得到孩子在團體中的表現，包含孩子與人相處的狀況、面對衝突的反應、溝通協調的能力、從眾與自主的平衡……透過觀察來判斷孩子在團體中的狀態，以及判斷問題的原因（忘記吃藥、討厭吃藥、不敢吃藥）給予最適合的協助；同時跟父母分享並合作，把家庭和團體表現綜合起來，看見孩子最完整的樣子。

• 老師的引導方式

還記得前面提到的「內在動力」嗎？唯有孩子進入「我想要做」而且「我應該做得到」的心裡狀態，才算是建立自主的能力，而這樣的狀態需要靠老師的「引導」，而非「指導」，兩者有時候看起來很像，背後的邏輯卻大不相同。

想要指導的老師可能會說：「吃完飯立刻檢查書包，看看有沒有帶藥來學校。」

而引導的老師是：「你吃完飯後需要吃藥，要怎麼做才有辦法記得呢？」簡單來說，指導的邏輯是「我教你怎麼做，照著做就對了」；而引導是「我們可以怎麼做？或許可以這樣試試看」，兩者最大的差別在於：是否有一定程度的「留白」，給孩子「自主思考」的機會。

指導看起來比較快，實則孩子並未真正經過思考、融會貫通，只是照著做的結果不但當下很難深刻，遇到不同的情境也不易變通；引導看起來比較花時間，實則能夠透過自主思考來加深與內化相關經驗，這樣的孩子會在經驗中不斷累積成長，也具備較好的應變能力。好的引導，絕對是孩子成長的關鍵。

看完以上可知，老師的觀察與引導，是班級經營中的關鍵，也是「亮點式班級經營」裡的第一個亮點。釐清老師要扮演的角色之後，下一個問題是「班級經營到底要經營什麼？」

老師不是站在對面喝斥的「其他人」，
而是帶著大家一起前進的「自己人」。

二、亮點式班級經營的三大目標

——打造讓孩子「健康成長」的環境

為何會稱之為「班級『經營』」而非「班級『管理』」呢？

在商業思維中，「管理」偏向「讓公司有規律的運作」，而「經營」指的是「如何創造最大效益」；而教育的目的，肯定是「激發孩子的興趣與能力」大於「要求孩子照著規矩前進」。但話又說回來，若沒有一個穩定的班級秩序，也難以讓孩子展現好的學習效率。

所以，打造一個「穩定而健康的班級社會」，讓孩子們能夠從中成長與學習，就是班級經營的主要目的。而一個健康的班級，肯定要具備三大面向：「**關係、風**

氣、共識」，三者可以分開討論，卻也環環相扣。

經營面向一：建立「良好關係」

這是最重要，卻也最容易被忽略的部分，在帶領班級時，常常會忘記「人與人互動」的這個本質。

我們常看到許多優秀的團體，成員之間的關係都很好；殊不知是因為彼此的關係很好，才有機會成為優秀的團體。而在班級經營中，可以分成三種關係：「師生關係、生生關係、親師關係」。

首先，是「師生關係」。我們都曾因為喜歡一位老師，所以對於他教授的課程充滿期待；也曾經因為不喜歡某位老師，而對於那堂課興趣缺缺。好的師生關係，不僅是引導孩子學習的重要因素，更是取得孩子認同的關鍵，一位獲得認同的老師，才有機會把話說進孩子心裡，也才有機會聽見孩子的心底話。

第二，是「生生關係」。若一個班級只有良好的師生關係，但學生之間卻沒有良好互動甚至勾心鬥角，那麼這肯定是一個表面上看似和平，實際上卻暗潮洶湧的團體。一旦班導師抽離，班級就會成為一盤散沙，或是在上科任課時亂成一團。孩子之間的關係良好，肯定是優良班級的重要指標。

第三，是「親師關係」。這層關係雖然不會在教室裡看見，卻是班級經營中的「暗流」，著實影響著班級的氣氛。當老師無法獲得家長的信任時，很容易動輒得咎，做什麼都綁手綁腳；若能獲得家長的支持與認同，不但班級事務更容易推動，也更能夠看見從內到外的一派和諧。

以上三種關係，都需要刻意經營，經營的方式會在本書後半段分享。要特別注意的是，所謂經營關係並不等於「討好」，如果用討好的方式來進行，不但會造成關係錯亂，在短暫的美好之後肯定就是一連串的崩毀。這個提醒，同時也適用於任何人我關係。

經營面向二：帶動「團體風氣」

讀書風氣好的班級，整體成績肯定會不斷提升；運動風氣好的班級，下課時間會在球場上看見孩子跑跳的身影；整潔風氣好的班級，才有機會看到乾淨整齊的教室。

上述的這些舉例的項目，也是許多老師所在意的事情，但為了達成這些目標，常常會祭出各種規定搭配獎懲制度，比如：「全班都必須考到八十分，考到的可以少寫一樣作業，沒考到的要罰抄課文」，這樣的作法不但容易帶給孩子壓力，甚至會因為無力感而出現自我放棄的反效果。

所謂「團體風氣」，絕對不是「大家必須或被迫這麼做」，而是「大家都好想這麼做」，而且是「我們一起來這麼做」；唯有讓全班都「想做」、覺得自己「能做」，並且想要「大家一起做」，這種集體由內而外的狀態，才是推動班級風氣的關鍵。

所以，當老師想要在班上推動閱讀時，除了著重「閱讀策略」之外，更要想想如何讓大家「發自內心地好想看書」，透過引導帶起班上的閱讀風氣，一旦成功了，自然能在教室裡聞到陣陣書香。同時也別忘了，所謂「風行草偃」，老師自己對於閱讀的熱情，肯定是吹起書風的重要力量。

經營面向三：達成「目標共識」

「向心力」是一個優質團體中的重要指標，這已經是老生常談；而老生不常談的是：要如何凝聚向心力？它不會因為一群人聚在一起就從天而降，而是在群體擁有一個「共同目標」時才有機會出現。

曾看過一則新聞報導：數十位學生家長連署要求學校取消所有與課業無關的活動，比如「啦啦隊比賽、校慶園遊會」，想必這些父母並不了解「非認知能力」（恆毅力、團結力……）的重要性，也忽略了「凝聚班級向心力」的這件事情。

然而，不是有了目標就會有向心力，大家之間還得達成共識才是重點。一樣是新聞報導：校慶運動會的重頭戲「大隊接力」，竟然有班級安排腦性麻痺的同學跑最後一棒，棒子到該生手中後，全班奮力吼叫加油，甚至集體陪跑。對這班而言，除了參加比賽作為共同目標之外，「全班都要一起跑」是全班的共識。這樣團結超越勝負的班級，向心力怎能不強呢？

更令人動容的是，僅一個小小的台灣，這樣的故事便不只一個，嘉義市華南高商的二年一班、台中市黎明國中的三年一班、雲林縣鎮南國小的五年一班，都上演如此動人的情節。這或許不是巧合，一開始可能只是某個班級的故事，在媒體的報導分享後漸漸吹起了這樣的風氣，於是越來越多善的種子在這陣暖風下發芽茁壯。

若真是如此，希望這陣風，能夠一直一直吹下去，直到世界的盡頭。

當每顆膽怯的心都能被凝聚在一起，
再大的困難都能夠一起度過，攜手同心。

三、亮點式班級經營的「三大心法」

——讓每個孩子都想一起進步！

打造「讓孩子積極學習、健康成長的班級」是班級經營的目的；「三環關係、團體風氣、目標共識」，是班級經營的三大重點；接下來，就是班級經營的做法了。

既然本書強調的是「人與人的互動」以及「由內而外」的力量，老師要做的也必須「從心出發」，從心態和認知開始，更有機會開發最適合自己和孩子的實際作法。以下，分享亮點式班級經營的「三大心法」。

心法一：擁有看見孩子的「眼光」

要能夠「看見孩子的好」這樣的提醒，無論在教育還是教養中都隨處可見。為什麼看起來如此簡單的一件事需要被反覆強調？實際執行的困難又是什麼？

陳品誼老師是亮語的共同創辦人，孩子們都叫她「小品老師」。我曾在她的課堂上，看過這樣的風景：

品師發了印給孩子的故事，請孩子先把故事貼在自己的本子上。其中有個孩子，卻坐在位子上開始看故事。品師注意到了。她笑著對孩子說：「哇！你這麼愛閱讀，太棒了！」

孩子抬頭愣了一下。「你先幫我把故事貼上去，我們等等再一起來閱讀，好嗎？」孩子有點尷尬地笑了一下，點點頭後就開始黏貼了，整個過程，不到五秒鐘。

這個小故事的亮點，有看見嗎？品師並不是以「OO！我剛剛說什麼，你有在聽嗎？」這樣常見的方式責怪孩子，而是看見孩子喜歡看故事的亮點，再把這個能量轉移到原本預計的軌道上。

看見孩子，不是什麼大研究大命題，它只是生活中和孩子相處互動的點點滴滴。但不要小看這些點滴，若是和直接責備孩子的做法比起來，把這樣的五秒，放大成五分鐘、五天、五年，無論是師生關係還是親子關係，都會有天和地的差別。

•做到是「應該的」，沒做到就是「錯的」

當寶貝剛學會走路、剛學會從一數到十、第一次自己拿湯匙吃飯、第一次拿書來看……在一旁陪伴孩子的父母，肯定都會以誇張的語調、綻開的笑容，忍不住驕傲地說：「寶貝好棒喔！這麼厲害呀！」再給孩子大大的擁抱與肯定。我們總是欣喜地看見孩子的好、看見孩子做對的事；但是，隨著孩子年紀增長，我們似乎也失去了那樣看待孩子的眼光。

孩子隨著時間成長，學會了很多事，也已經能做到很多事，於是我們漸漸地把這些事視為理所當然：認真上課是應該的、好好寫作業是應該的、用功念書是應該的、幫忙做家事是應該的——沒有做到應該，就是錯的。

於是，大人忙於指正錯誤、孩子要避免犯錯挨罵。孩子的生活中充斥著太多「該做」的事，一不小心就會「出狀況」，似乎很難再做對什麼事，更別提被肯定、被看見了。當沒做到就是錯的，做到是應該的，那何時才有做對、做好的時候？

•看見孩子「做對」的事

看看下面這個情境：

全班認真上課五分鐘後，小傑開始在座位上搗蛋發出怪聲，干擾到同學和上課的老師。這時老師大聲喝斥：「不要再吵了！可以專心上課嗎？」

小傑愣住了，停下動作看著老師，全班的目光也都落在小傑身上。「再吵就到後面去罰站！」老師又補了一槍，「來同學們，繼續上課，剛剛上到……」

大家的視線回到課本上，一旁的小蓉白了小傑一眼。「看屁啊，上你的課啦。」小傑瞪了回去，接著就兩眼無神地盯著窗外，直到下課。

情境中的老師，錯過了什麼？（若沒發現請回去重看一遍）

老師錯過了小傑做對的事情。

在老師喝斥小傑時，小傑確實停下了動作，對吧？這時如果老師看見了這個亮點，補上一句「不錯喔，老師提醒你就停了下來，很好，繼續上課吧。」相信小傑接下來的情緒、同學的反應，乃至全班的氣氛都會大不相同。

還有一個亮點也被忽略了，有發現嗎？（歡迎回去再看一遍）

會像小傑這樣干擾上課的孩子，通常都已經是累犯了。但在上課的前五分鐘，小傑和大家一樣都是專心的，對吧？若老師能在小傑搗蛋前注意到這個亮點：「不錯喔小傑，今天上課很認真。」而不是等到出狀況才喝斥提醒，相信小傑有機會做出更好的表現。若是把老師的兩種極端反應發展成兩個平行宇宙，相信兩個宇宙中的小傑，會長成截然不同的模樣和性格。

試試看吧！當孩子認真上課時，請看見他的專注；當孩子寫作業時，請看見他的負責；當孩子用功念書，請看見他的努力；當孩子幫忙做家事，請看見他的在乎……不論孩子多大，都需要我們的「眼光」給他力量、給他自信，幫助他越來越好。

當我們擁有了這樣的眼光，孩子，會很不一樣。

心法二：「肯定」與「鼓勵」

肯定和鼓勵這兩件事情看起來很像，甚至在日常用語中也常常把這兩個詞混在一起用。但仔細比較思考就可以發現，兩者的「對象」和「目的」有著本質上的不同。（不妨先想一想兩者的差別再往下看）

「肯定」是針對「已經做過的事情」，目的是「給予對方信心」；「鼓勵」是針對「未達成的目標」，目的是「給對方達成的力量」。

比如：孩子第一次連續跳了十下跳繩，母親對他說：「太棒了，連跳十下真是厲害！」然後接著說，「下次要不要挑戰十五下？你一定可以的！」

前一句，就是針對孩子「已經成功跳了十下」給予肯定，讓孩子因此更有自信；後一句，是針對「挑戰跳十五下」給予鼓勵，讓孩子更有力量。

•先肯定，後鼓勵

既然兩者本質不同，使用上肯定有所差別，在搭配使用時，可以先透過「肯定」給孩子信心，再加上「鼓勵」幫孩子把信心轉化成進步的勇氣和力量，持續打造更好的自己。

這只是兩者使用上的邏輯和概念，不用太過嚴謹，有的時候只給肯定，好好地給孩子能量，有時直接給予鼓勵，要孩子勇敢前進，都沒有關係。但需要留意的是，如果自己的語言習慣只有其中一種，那就不妙了。

如果只有肯定而沒有鼓勵，孩子做什麼都會被誇獎，久了孩子容易自滿，甚至會失去前進的力量或方向。

我剛開始教寫作時，為了讓孩子能從排斥到接納，我拚了命肯定孩子文章裡做對的地方，通篇都是我滿出來的肯定，剛開始的效果很好，孩子總會眼睛發亮；久了之後，發現孩子們的腳步逐漸停滯，甚至無意間聽到孩子私下對父母說：「反正怎麼寫老師都會說很好，沒差啦！」當時我才警覺這件事的嚴重性。

反過來，只有鼓勵而沒有肯定，孩子不斷地被設定更高的目標，久了也會疲乏，甚至就不想再努力了。

我認識一位和藹的母親便是如此，不管孩子做到什麼，她總會笑笑地說：「就跟你說吧。繼續努力，你就可以……」孩子從小學上了國中，有一天，他在本子上留了一段話：「不管我再怎麼努力，似乎永遠都無法達到他們的標準，我真的好累。」我和這位母親聊過之後，母親才說自己確實對孩子有很高的期待，但她以為只要不斷鼓勵孩子，孩子就不會感受到壓力。

肯定和鼓勵，兩種都屬於「正向的語言」，自然容易混淆。記得，不是正向就好，要能覺察自己語言背後的意識形態，才是最重要的。

•要從「眼光」開始

在許多親子藝文活動的場合，都可以看到許多來當志工的爺爺奶奶，嘴邊總會掛著「你很棒耶！」「好優秀喔！」「長得好可愛喔！」氣氛一派和樂，但仔細觀察孩子的反應，就可以發現他們其實沒什麼感覺。

某年春節，有位爺爺在路邊揮毫送春聯，順便帶有興趣的民眾一起體驗。一位男孩陪著母親排在隊伍裡，爺爺把春聯交給母親後，看了一眼男孩，然後把毛筆塞到男孩手裡說：「來！要不要試試看？」男孩有點猶豫，在母親的鼓勵下，爺爺輕輕抓起男孩的手寫了幾筆，然後讓男孩繼續寫下去。

完成後，爺爺拿起紅紙仔細地看了又看，然後伸手一指告訴孩子：「這兩筆最好，讓字站得很穩而且很有力！你很有潛力噢。」男孩原本有些緊張的神情瞬間亮了起來，離開時把爺爺送的春聯緊緊抓在手裡，邊走邊跟媽媽說他想要去學書法。

爺爺不只肯定了孩子，也用「潛力」兩個字作為鼓勵；但更重要的是，爺爺在孩子生澀的筆跡中用心「看見」了那兩筆，然後給予了具體的肯定與鼓勵。正因為如此，孩子的勇敢與嘗試有了明確的連結。

用心看見孩子，看見那些不易察覺的微光，將其增強放大，點亮孩子的內心。來自於「眼光」的肯定與鼓勵，才會真正直達心裡。

心法三：點線面

在我帶班的第一年，發生了經典的「靠椅子」事件。

當班導師的那段日子，我很享受坐在教室後面觀察孩子這件事，這總能帶給我許多創意、靈感，和樂趣，所以如果科任老師同意，連科任課我都會在後頭觀察孩子的樣子。

某堂下課，教室裡一張沒靠上的椅子擋住了阿平的去路，於是他便順手把椅子靠了進去，這一幕剛好被我看見。下堂課一開始，我嚴肅地請所有人把課本收起來，因為有更重要的事情要說，接著就把阿平請上了台，眼神銳利地問：「阿平！剛剛下課你做了什麼好事？」

阿平有些不知所措，想了一下回答：「我剛剛在走廊奔跑……」我被這突如其來的答案嚇了一跳，但依然憋住笑意繼續追問：「還有呢？」這時阿平也想不出一個所以然，搔搔腦袋表示不知道。我接著說：「你剛剛主動把同學的椅子靠上，沒人要求你，你卻默默主動做好事，怎麼這麼棒？」最後一句話我還刻意放大音量。

阿平頓時愣在現場，沒等他反應過來，我請全班給他熱烈掌聲，阿平有些不好意思地抓了抓頭。接下來，就是見證奇蹟的時刻了，大家都猜得到下一節的下課，發生了什麼事情——好幾個孩子主動尋找班上沒靠好的椅子，邊靠還邊把目光朝向我這邊，那畫面實在可愛極了。

•擴散與凝聚

但是，我總不可能每堂課都把孩子叫上台一一誇獎，可是不給孩子肯定也不對，怎麼辦？

我開始一次肯定一整組：「哇！你們看這個組的座位怎麼那麼整齊？可見組員多優秀。」然後再偷偷加上一句「如果整齊再加上乾淨，那就更了不起了！」

很快就看到，孩子們從自己靠椅子變成和組員一起做這件事，甚至還會一起巡視座位撿垃圾。我繼續擴大範圍：「哇！我們教室的前半段走起來好通暢喔，感謝前面的組別和組員」、「我們班男生都超會靠椅子，但好像女生的座位都比較乾淨喔！真的是這樣嗎？」

不出半個月，我的肯定已經來到：「我們班絕對是全年級最會靠椅子、撿垃圾的班級，你們真的太優秀了！」孩子們臉上都寫滿了驕傲，還有孩子會在下課時經過別間教室回來說：「真的耶，我們班超整齊的啦。」

一股正向的力量，從一個人逐漸「擴散」到一整組、一個班，然後把範圍內的人全都「凝聚」在一起，直到學期結束，我都不需要再提醒孩子排座位、靠椅子。把座位排整齊、教室弄乾淨，這已經是孩子們的習慣，也是我們的驕傲。

•「點線面」的交互運用

如果把單一孩子稱為「點」，那麼一組的孩子就像是幾個點連成的「線」，而所有線連起來的「面」就是全班了。我把能量從點一路擴充到線再到面，在班上帶起了座位要整齊的「風氣」，也將其凝聚成全班的「共識」，這樣的內在動力帶來了最動人的教室風景。

所謂的「點線面」是班級經營的一種思維，建立在「眼光」以及「肯定與鼓勵」之後，讓老師透過這樣的概念邏輯能夠顧及個人與群體，做到「見樹又見林」。有三個要點要提醒大家：

一、**「點線面」三者之間是一個相對的概念，並非固定的形式**。

實際的運用，可以靈活地按照實際情況條件做設定，比如以全年級的活動來說，一個班級可能就是「點」，兩三個班一組構成「線」（或是所有男生、女生分別組成兩條「大線」），而全年級的所有人就是「面」了。

二、**「點線面」三者同樣重要，不該偏廢**。

若過度強調個人的「點」，久了容易塑造出英雄主義，讓孩子過度追求自我表現，甚至因此被同儕排擠；若過度強調小組的「線」，久了就成了變相的「小團體」，不只團體間容易勾心鬥角、斤斤計較，同個團體也會排斥搞砸的成員；若是過度強調全體的「面」，孩子便不會有被看見的感覺，比如「我知道你在誇獎全班，但我沒有被誇獎到的感覺」或是「我知道你在罵全班，但與我何干？」

三、「**點線面**」**三者不存在絕對的先後順序**。

前面的例子是從點、線，到面，從小地方開始逐漸擴大成全體風氣，是一個相對容易的模式，但之後依然可以跳到小組的「面」（我發現這一組連桌面都擦乾淨了），或是再次強調「點」（我們班出現了新一代靠椅子達人），重點在於班級當時的情況，靈活調整成最佳狀態。

甚至，也不見得要從點開始，如果老師更擅於操作小組，也可以直接從「線」開始，然後視情況聚焦到點、擴大到面，也是可行的。

打造一個「師生都健康」的班級

關於「亮點式班級經營」，我們從釐清「教師定位」，到設定「目的面向」，再到領悟「操作心法」，走了那麼長的一段路，就是為了能夠在老師的引導下，靠孩子的內在動機把班級打造成一個「健康」的環境，讓老師和學生都能在這個群體中找到前進的方向、成長的力量、自我的價值。

以過來人的角度而言，這樣的班級經營一點都不容易，但真的是一件值得期待、萬分美好的事情，一旦班級進入這樣的狀態，那我保證整天都不會想要離開這間教室，每天都好期待進教室看見孩子，那不只是孩子的幸福快樂，更是我們的自我實現。

了解班級經營的「教師角色、三大目標、三大心法」之後，再來看綜合應用的實際例子，下兩節分成「個人經營」和「群體經營」兩種模式來介紹。

每個人都渴望被看見，卻很少人能夠看見別人。
睜開雙眼，看見那個，能夠看見別人的自己。

四、亮點式班級經營的「個人經營模式」

——作業為什麼都亂寫？

「從偏鄉到城市、從小學到高中，從音樂到體育、從藝文到語文，從資源班到資優班、從體制內到體制外。」這是我在演講中時常用的自我介紹順口溜。裡頭不只是我過去到現在的教學經歷，更是「亮點式班級經營」誕生的歷程。

這個班級經營系統並非來自於哪一套理論，而是從各式各樣的教學現場不斷累積變化、千錘百鍊，再透過與心理學、社會學、教育學等不同領域的理論對照整理而來。如何讓這套系統理論化還需要更多努力，但在實務上絕對經得起考驗，因為這正是它誕生的方式。

前陣子，有位老師找我討論班上遇到的狀況，在此按邏輯思考的順序分享這個案例，藉此掌握這套系統現場運用時有可能的樣貌。

案例介紹

主角是四年級的男孩，作業常常亂寫，老師盡可能心平氣和地請他把作業再寫好一點，但孩子只要一聽到要修改，就會情緒激動、大吵大鬧，還曾把作業全部擦掉以示抗議（老師只請他改一小部分），而這樣的情況，已經持續超過一個學期。

‧思考方向

孩子反應為何會如此激動？是針對這項作業還是所有作業？還是針對這位老師？還是針對整個體制？抑或是背後另有隱情？

案例中提到，孩子不是「不寫」，而是「寫了不願改」，那為何他願意寫？是回去被家長逼迫，還是仍然靠自己完成？但無論如何，他確實「寫了作業」。

•應對方式

我們都不認識這位孩子，不知道他的個性、班級氣氛或其他細節，就算知道也不會有標準應對方式，但我們可以試著掌握一些重要原則。

孩子交作業時，我們可以一反常態地不要求他修正，並進一步肯定他完成了作業；甚至很嚴肅地看著他（用眼神殺人那一種），然後指著某一個比較漂亮的字，或回答正確的題目跟他說：「這個好！」然後就把作業收上來，要他繼續加油。

•應對分析

這樣的應對方式，背後有多少「亮點式班級經營」的元素與精神，看出來了嗎？

改變：惡性循環一學期之後，師生都累了！這時無論如何都必須要改變模式，一種出乎意料的正面方向。

眼光：無論如何，孩子完成了作業，雖然不盡理想（或者說沒達到我們的標準），但確實有寫，這部份我們必須看見。

接納：肯定完之後不給要求且收下，收的不只是作業，更是孩子的負面情緒。

肯定：從有寫的內容中找到亮點（從既有的行為中找到能量），回饋給孩子。

鼓勵：給孩子繼續前進的動力！（切記，鼓勵必須建立在肯定之上！只肯不鼓，久了孩子容易自滿；只鼓不肯，久了就是種壓力！）

・內心質疑

「如此不就縱容了孩子，讓他認為『這樣就可以了？』」這樣的質疑很容易在心中發酵。但同時也可以想想，原來的持續要求有效嗎？甚至就是因為要求造成了問題與隔閡！甚至，傷害了一個太重要卻很容易被忽略的關鍵。

深度思考

沒錯，就是傷害到三環關係中的「師生關係」！

師生的互動必須建立在「認同」之上，當有障礙物讓師生間產生了隔閡，就得先將它移除，找到問題的根源（事後要不要放回去又是另外一回事）。上面說的應對做法只是暫時的，目的在於修復、改善師生關係。沒有孩子的認同，任何的要求都很難產生實質效果，更難以提高學習效率。

有一群孩子早已麻木，老師說什麼他就做什麼；另一群有意識的孩子，即便痛苦還是會努力完成；還有一群是沒辦法強迫自己做不想做的孩子……發現了嗎？無論是哪一群，都看不到「主動學習」的影子，也就是前面不斷強調的「內在動力」。而通常這個時候，「分數考試、獎勵制度」的外在動力就準備進場了。

想想，許多這類情況的孩子，被老師討厭或忽略肯定不是一兩天的事，如果我們做了一樣的反應，對他來說，我們不過只是其中一個「那樣的老師（或大人）」罷了。而破壞師生關係的蛀蟲，往往就是太多的「目的」和「標準」。當然，教學應該要有明確目標和具體目的，只是這同時也需要建立在良好的師生關係之上，若操之過急過猛，就需要緩下來解決根本問題，再和孩子們一起努力，而非在前面拖著懶牛前行。

回到前面的例子，若該位老師逐漸取得了孩子的信任，孩子敞開心胸、找到問題的機會自然大得許多，也正是因為這樣充滿信任的關係，我們更能夠陪著孩子一起解決問題。很多時候，無論在師生或親子的關係中，我們遇到問題就急著解決，殊不知碰到的只是表層。好比蛀牙，如果蛀到了神經，怎麼刷牙補牙都還是會痛，這時就要根管治療了。

於是，我們不急著解決，試著同理、聆聽，找到問題的根本再試著解決！而且不是「我幫孩子解決」，而是「帶著、陪著、看著孩子解決問題」，同時，他也才會得到為自己解決問題的能力，無論是內在情緒，還是外在技能。

結語

再次強調，無論是「教育」或「教養」，「教學設計」還是「班級經營」，都必須建立在「人與人的互動」之上。

而在這個講求效率的年代，我們花了太多時間心力去尋找最快的「方法」，彼此之間的連結常常就這麼消失了。讓我們回到根本，用心看待每一個孩子、每一個「人」，看著他的眼睛、感受彼此的心跳、建立雙方的默契，如此，我們更有機會陪著孩子一起走下去。

或許，這需要花上不少時間，但很多時候，「慢慢來，比較快」，不是嗎？

改變不是放棄，是我為你鼓起勇氣，
尋找更好的可能。

五、亮點式班級經營的「群體經營模式」

——過動寶貝成為人氣王！

自從「注意力不足過動症」（ADHD）這個名詞問世以來，各種討論從來沒有停過——怎麼鑑定最正確？程度如何區分？需不需要用藥？如何協助孩子？

時至今日，越來越多人認識這樣的症狀，也越來越多孩子被放進圈圈，大環境對過動寶貝逐漸有了理解與包容；但很現實的，過動寶貝在群體中很難真正融入，教學現場更是難以找到平衡點。究竟是誰需要在哪個環節上更加努力？是老師、同學、家長、醫生、還是孩子本人？

那年，我遇見了一位過動寶貝，或許這經驗不是放諸四海皆準，但肯定值得參考與思索。

用力看見一點點的好

那年，我是小學中年級導師，班上有位需要服藥的過動寶貝——小圓。翻開他的輔導紀錄簿，裡頭是他滿滿的「失控」相關紀錄。剛開學那陣子，小圓的表現也的確和輔導紀錄相吻合——不專心、自行離開教室、無法配合團體行動，甚至有攻擊傾向。我苦思好幾天，希望找到「藥物以外」也能幫助小圓的方式。

在分別和輔導室、前導師、小圓父母聊過之後，我試著時時刻刻給小圓大量肯定鼓勵。當他動了十秒後停下來了一秒，我就花十秒來用力肯定。下次在他還沒動之前，就提醒他上次的表現有進步，反覆做了一陣子之後，小圓似乎開始對參與課程活動提高了一點興趣了。

喚醒同儕的力量

在一次小圓請假沒來的課堂上，我讓全班同學勇敢說出對小圓的感覺。孩子們一開始面有難色、支支吾吾地說著，沒多久，教室裡都是此起彼落的抱怨聲。我一會兒皺眉一會兒微笑地認同大夥兒的情緒：「真的！」「如果是我，也會很不舒服……」看大夥兒抱怨得差不多了，話鋒一轉：「你們知道嗎？小圓是帶給我們改變機會的天使耶！」孩子們滿臉錯愕，一副難以置信的表情。

「如果你好想好想跟大家玩，和大家一起讀書，但卻無法控制自己做出來的事情，結果讓身邊的人都不喜歡你，那種感覺，大家能想像嗎？」孩子們都愣住了，而我繼續試著描述小圓的心情和每天遇到的窘境，漸漸的，有的孩子低下了頭、有的孩子眼眶泛了淚。

接著，我邀請低年級與小圓同班的同學們分享他之前在班上的處境，幾乎就是輔導紀錄簿裡那些紅字的風景。我告訴大家：「小圓很可能一輩子都處在這麼辛苦的環境，但是我們班，可不可以給他一段不一樣的感受和回憶？」聽到這裡，孩子們紛紛都把頭抬了起來，眼中閃著一絲絲的光芒。

「老師，那我們可以怎麼做？」有孩子開始想要做些什麼。「老實說，我也不確定」，我誠實地回答，「我和大家一樣剛認識小圓不久，也還在想可以怎麼做。大家有什麼想法呢？」大夥兒你一言我一語開始討論起來。

兩節課的時間過去了，落掉了國語課的進度，卻拾起了滿滿的愛與溫暖。

改變的力量

隔天上午，看到小圓進了教室，彥如從嘴縫中擠出了一句「早……早安！」小圓愣了一下，接著其他人也開始主動跟小圓打招呼，小圓一臉狐疑地看著大家，一副「今天到底怎麼了」的臉，看得我感動又好笑。

接下來，一齣齣簡單美好的動人戲碼不斷上演：發考卷時大家都會互相給予掌聲，但給小圓的掌聲加上歡呼是大家的兩倍——那成績最差的小圓；分組時，好幾個人都會主動邀請小圓加入——那人緣最差的小圓；小天使任務時，幾位高手都會自願當小圓的天使——那進步空間最大的小圓。

漸漸的，小圓和大家的互動越來越好，在大家的包容、提醒和幫助之下，小圓的表現也越來越穩定。有一次，上課到一半，小圓不知道被什麼刺激到，倏地從座位上站了起來，一副要往外跑的樣子，周遭的人趕緊提醒小圓要忍住，還有人幫他加油，小圓悶吭了一聲，坐回了座位上，教室裡爆出了熱烈掌聲。

還有一次，午休結束的鐘聲響起，我發現一群人都圍在教室的最前面，我靠近想看個究竟，同學們立刻用食指抵住嘴唇小聲說：「噓——老師，小圓睡著了啦。」（很難入睡的小圓，我允許他可以到獨立的座位安靜畫畫或做自己的事情）小圓怎麼睡著的我不知道，但我知道看著小圓睡著的大家，心裡都暖暖的。

照顧小圓，已經是大家的事

那天早上，我巡完外掃區回到教室，看到班上的孩子阿成，一手摀著頭上的腫包，一手緊抓著小圓手上的掃把大喊：「我知道你不是故意的，但你還是要忍住，因為我會痛！」而其他幫忙拉住小圓的孩子也齊聲附和。

原來，是阿成不小心把小圓掃好的垃圾踢散了，小圓一把火燒上來，就掄起掃把敲了阿成的頭，接下來就是前面看到的那一幕。

我拿下掃把安撫大家之後，幾個孩子陪阿成去保健室，小圓轉身抓著我的衣角大哭：「老師對不起！我又犯了！」聽得我心也好疼。我請幾位孩子協助安慰小圓，我到辦公室打電話給阿成的媽媽，媽媽聽完事情的脈絡，也確定阿成的傷勢沒有大礙之後，在掛掉電話前說：「對了老師，幫我提醒阿成，回到教室記得去安慰小圓，他應該很難過。」

我當時以為自己聽錯了——阿成的媽媽不但沒有責怪小圓，還主動要自己受傷的孩子去安慰小圓。詢問之後，媽媽說：「阿成回來也都會說小圓的事啊，老師你的用心大家都知道，所以我們幾位志工媽媽到學校也都會特別關心小圓啊……」那通電話，我是紅著眼眶掛掉的——原來，照顧小圓，早就已經不是我一個人的事，是班上大小朋友共同的任務了。

回到教室，阿成已經先一步回來，坐在小圓的身旁安慰他：「好啦！不要哭了，我們還是朋友啊。」這次之後，小圓再也不曾動手打人。每一次事件的落幕，我都努力讓小圓知道：大家為他努力，也值得他一起為自己努力。

而小圓的改變，更令人動容。

小圓出擊

某天早上，萱萱蹲在教室裡哭，她新買的滾輪書包在上學途中沾到了狗大便，同學們圍在身邊卻也都不知所措。

只見小圓帥氣地抽了幾張衛生紙，喊了一聲：「讓開！我來！」接著便走到書包旁邊蹲了下來，伸手去擦沾到大便的輪子。萱萱不哭了，抬起頭說：「你不覺得很髒嗎？」「怕什麼？再洗手就好啦。」所有人都「哇！」了一聲，眼中盡是崇拜。

某節下課，鐘聲才剛響，小圓就衝上講台，拿起板擦把黑板擦得一乾二淨；某天午餐時間，小圓一個人推起了餐車往廚房跑去，幾個值日生追在後面喊：「等等我們啊！小圓！」；某天上午打掃時間，負責掃廁所的同學們跑來說：「老師，我終於知道為什麼最近廁所都那麼乾淨了。我剛剛打開廁所門，看到小圓蹲在那裡幫我們刷馬桶。」我問小圓最近怎麼一回事？他盯著地板，輕輕地說：「大家都對我好好，我也想要幫忙大家。」

從那段時間開始，小圓義無反顧地包辦所有困難或不討喜的任務，除了主動洗餐車、掃廁所、收作業，還有主動陪伴在廁所拉肚子的同學、主動打電話關心生病請假的孩子、主動幫忙收作業，還有還有：主動交作業、主動讀書、主動睡午覺、主動幫老師按摩和裝水（小聲說）。

直到分班前，小圓是班上人緣最好的同學之一。

尋找亮點

老實說，當年的自己只是一位菜鳥老師，腦海中還沒有一套系統來支持自己的判斷，靠的就是不斷摸索，也走得跌跌撞撞。但現在看來，自己確實做對了一些重要而珍貴的事情。

首先，是「我能做什麼」的思維。

剛接到小圓這一班時，我也請教了許多人，好一部分的前輩都告訴我：這問題既然不是出在老師的身上，那我們能做的就很有限，不如花心思把其他同學顧好。

類似這樣的想法，在往後的教育路上也常常聽見，像是「孩子的家庭教育有問題」、「現在的孩子越來越難帶」、「爸媽怎麼都沒有在管孩子功課」，這些問題都是事實，但身為老師接下來可以選擇，是「問題不在我身上，我愛莫能助」，還是「我能為孩子做什麼？」

很幸運地，我選擇了後者，選擇了「我是老師，我想為小圓做什麼」的思維，選了一條看似比較難走，實則更為踏實、和孩子靠在一起、讓自己不斷進步的路。這也成了往後十幾年的固定選項，也是這本書能夠誕生的關鍵。

再者，是「看見」小圓，並給他最大的「肯定與鼓勵」。

看見小圓十秒鐘裡靜下來的那一秒，並鼓勵他繼續努力；看見他三項作業裡有交的那一項，鼓勵他越交越多；看見他整張考卷中拿到的那四十分，鼓勵他繼續學習。小圓在畢業後回來找我，跟我說當年我讓他覺得自己很有價值，也讓他相信自己可以做到很多事情，我想這其中的關鍵力量，正是「眼光」所帶來的。

第三，是「大家一起」的起心動念。

了解小圓的情況之後，我知道以自己的經驗和能力，很難只靠自己帶給小圓什麼。前面提到小圓沒來的那一天，一開始只是想跟孩子們聊聊這件事，沒想到從「同理」到「轉念」之後，竟然成功帶動了全班，從孩子到父母，甚至其他的科任老師，大家都給小圓許多的力量。

現在看來，我不只送給小圓一個用心的老師，更透過「點線面」的延伸模式，成功打造了一個健康友善的環境，讓小圓在裡頭成長蛻變。而全班也因此有了珍貴的成長經驗，擁有一顆更廣闊而善良柔軟的心。

最後，是從根本下手。

當孩子們都開始更友善地對待小圓之後，我發現這不是長遠之計，小圓不可能一直處在這樣的環境，而單方面的善意也有可能成為小圓自我成長的限制。

意識到這個問題之後，每當看到有人對小圓釋出善意，我都會試著提醒他覺察自己的感受，並進一步詢問或鼓勵他是不是也能夠做些什麼。所以當時看到小圓衝上台擦黑板、跑出去推餐車時，心頭的感動難以言喻——他也改變了自己，而這樣的改變才是面對未來真正的力量。

小圓曾和我說，我是他遇過最棒的老師；我跟小圓說，他送給了我教育路上最棒的故事，我受用一生。

當你看見了我的好，我也想好好對你。
到底是誰先對誰好？就不那麼重要了。

第貳章．重點提醒

- 老師的角色不是保姆，而是協助孩子在團體生活中成長學習的引導者。
- 亮點式班級經營的三大目標：一、建立良好的「親師生三環關係」；二、帶動全班一起的「團體風氣」；三、建立「目標共識」來提升班級的向心力。
- 亮點式班級經營的三大心法：一、擁有看見孩子的「眼光」；二、「肯定」孩子做到的事以及「鼓勵」孩子挑戰更好的自己；三、透過「點線面」的靈活運用顧及個人與群體。
- 三大目標及三大心法，都適用於「個人經營模式」和「群體經營模式」，需搭配服用。

・第參章・

如何做出「有感的課程設計」

——當一個用心而不受傷的老師

記得某次到中部某間學校的教師研習分享，會議室的角落，坐著一群死氣沉沉的老師。他們有的人在改作業、有的在滑手機，偶爾聽到幾個有趣的點會抬起頭會心一笑，然後就低下頭繼續做自己的事情。

中場休息時，邀約的老師告訴我，這群老師曾經是學校裡最積極的一群，在教育部剛推出九年一貫時全力響應、共備教學，花了比別人多好幾倍的時間參加研習、準備每一堂課，但學生和家長的反應不如預期，加上政策方向持續調整，他們就漸漸變成現在這樣了。

演講結束後，其中兩位老師上來致意：「老師，你講得很好，我們也曾經這麼熱血過，但現在實在沒有力氣再去改變些什麼了……」

我心中盡是疼惜與不捨。

在教學現場，有一百種外人無法理解的挫折與考驗，而許多意志消沉的老師，都曾經付出過一片赤忱。我跟高中孩子們聊愛情主題時，說過這麼一句話：「**付出真心，才會受傷，於是每道傷疤都是值得驕傲的印記**。」這句話接住了許多在愛情中受傷的孩子，但這群付出真心而受挫的老師，我想很難對此感到驕傲。

受挫的原因太複雜，有教育體制、校園生態、升學主義、社會風氣、師生互動、親師關係……裡頭有許多是我們無法控制的；但同時也有些關鍵，是我們可以掌握的。我常說，要成為一個好老師，「**沒有用心，是不行的；但只有用心，是不夠的**」而這裡的不夠，指的是「得法」，用心加上正確的方向，才能真正發揮效果、帶來改變。

在設計課程的時候，直覺重點常常會放在「我要教什麼、我要怎麼教」，而不是「孩子要學什麼、他們要怎麼學」，如果沒有把孩子的視角和感受考量進去，在教學現場肯定會出現意料之外、不如預期的結果，似乎也就可以理解了。

這個章節將談論重要的課程設計的方向、班級經營的搭配，以及個人修煉的心法，相信能幫助用心的老師們找到方法，帶著孩子踏實前進。

一、傳說中的「教學五力」

——老師教得有感，孩子學得更有感

前面提到，因為孩子的內在動力不足，所以才需要透過獎勵制度作為外在動力，來誘發孩子的學習行為；話說回來，如果課程本身就能夠引發孩子足夠的內在學習動力，自然就不需要另外設計獎勵制度了。

「班級經營」和「教學設計」兩個領域雖然常常被分開討論，但實際執行上卻是密不可分的。我們不可能在進行教學活動時完全不做班級經營，也不可能做班級經營時沒有任何教學內容，換句話說，獎勵制度產生的影響並不僅僅侷限在班級經營的層面，在課程設計上也有相當程度的比重。

以獎勵制度為主流的班級，當孩子不想回答，常以加分為誘因；討論不夠積極，便以競賽來包裝；學習不夠認真，就以考試來威脅。若是要拿掉獎勵制度，那麼便需要一堂讓孩子發自內心「想要參與、積極討論、認真學習」，能夠激發「內在學習動機」的課程。

只是，要如何設計出一堂能兼顧內容和動力的課程？這章的「五力」便可作為指標，它是我十幾年來不需要獎勵制度的關鍵，也是亮語數百堂經典課程的核心，更是讓孩子「想學、能學、愛學」的重要原動力。

教學五力之一：觀察力——最原始的能力和欲望

我把觀察力稱之為「和世界連結的橋樑」，如果沒有這座橋，那麼萬物跟人都不會有連結，更別提有感覺的學習。

常常遇到老師或父母會問我「如何培養孩子的觀察力？」這個問題「對，也不對」，對的是後期的觀察力確實可以培養，但初期的觀察力靠的是「引發」，只要引發每個孩子從出生就內建的本能——「好奇心」。

因為好奇，自然會想要進一步觀察研究，這也是為什麼孩子能夠盯著車窗外的景色大半天、樹葉枯枝能被孩子玩到愛不釋手；隨著年齡增長，有些人的好奇心會逐漸被掩蓋，但絕不會消失。試想：你家旁邊的新店面裝飾得美輪美奐卻還沒掛上招牌，經過時總忍不住多看兩眼，心中忍不住猜測到底要賣的是什麼——這，就是好奇心。

好奇心，是開啟學習之門的鑰匙，當孩子開始對教學內容產生好奇，就是進入學習狀態的開端。在此邀請所有老師父母，在所有課程的開頭，不再是以「來！打開課本……」為開頭，而是以「引起好奇」為目標。

一篇艱澀的古文，或許以作者的風流韻事作為開場，帶孩子好奇這樣的人會寫出什麼文章；一個既定的長度單位，帶孩子好奇這間教室實際上有多長；一個深奧的物理定律，帶孩子從日常現象開始好奇觀察。一旦孩子發自內心地好奇了，自然就會想知道背後的原因或後來的結果，這正是不需要「外在獎勵」的關鍵，因為孩子有了「內在動力」。

別忘了，在引起孩子好奇之前，老師要啟動自己對於教學內容的好奇心，並且將好奇心轉化成進一步研究和自學的動力，唯有老師從自己的好奇心開始，才能帶著孩子一起好奇，並將老師自學的精神與成果一併分享給孩子。每個孩子對不同領域的天賦和敏銳度都有所不同，有的很容易就產生興趣，有的卻感到索然無味，也因此老師能否成功激起孩子的好奇心，成了開始學習的一大關鍵。

引起好奇心的內在動力，就是前文提到「初期的觀察力」，而後期的觀察力就可以進一步「培養」。每當我們提到「觀察」，直覺就是「用眼睛看」，但我們跟世界接軌的方式可不只有視覺，包含「聽覺、嗅覺、味覺、觸覺」都是重要感官，甚至還有進一步的「心覺」，讓五感都可以穿透到靈魂深處，這也就是常聽到的「用心觀察」——更深刻而敏銳地運用五感來觀察這個世界。

老實說，要引起內在動力並不難，難在如何「延續」這個動力，而關鍵就在於孩子能否取得「成就感」；而剝奪成就感最快的方式，就是在孩子好奇之後，立刻給他「正確答案」，這也是許多大人不經意會做的事情。試想「孩子一直問，老師拚命答」的畫面，總覺得裡面少了什麼，對吧？

缺少的，正是孩子的「探索」。在常見的科學研究法中，第一個步驟就是觀察，而第二個步驟是「推測」，孩子必須要使用前面所觀察到的素材來進行推測，只要能夠推測出一定的內容，就有機會透過老師的肯定、或是與答案的靠近取得成就感。而成就感，不只是延續動力的關鍵，更是持續學習的動力。

即便沒有找出答案，也需要找答案的過程。當孩子因為好奇而開始觀察，然後進一步推測探索，腦袋才真正開始思考運作，內心開始感受體會的狀態。這便是我們說的下一力，「感思力」。

教學五力之二：感思力——感性與理性綜合運用

為了避免孩子總被困在虛擬世界、活在水泥叢林中，我們常會找機會帶孩子上山走走，帶學生戶外教學，讓孩子的心胸和視野都更加遼闊；但卻發現孩子對眼前的盎然綠意感到「好山好水好無聊」，看著博物館內的珍貴展覽品卻一臉茫然、兩眼空洞。這時，就換「感思力」登場了。

感思力，顧名思義就是「感受」和「思考」的能力，把它們放在一起，表示兩者是同等重要、相附相依，不只寫文章要「動之以情、說之以理」，學習也要能夠「情理並重」。在孩子已經因為好奇開始觀察之後，我們開始引導孩子對觀察的對象產生感受和思考。

比如：做實驗帶領觀察時，刻意讓孩子感受到「這也太神奇了」，然後引導思考「為什麼會這樣」；看社會新聞時試著同理受害者家屬的感受，然後思考死刑到底該不該存在；玩竹蜻蜓時一起驚呼「飛高高好酷」，然後思考「為什麼會飛，如何飛更高」。

在帶領感受與思考時，老師的引導能力會產生不小的影響。一位善於引導的老師，必須具備「精準提問」和「真誠分享」兩大能力，這個在後面的篇章會提到。然而，在不同的領域或目的之中，理性與感性不盡相同，引導者可以按照主題進行規劃分配。

在人文藝術的領域，感受力會更加重要，但也不能失去理性的判斷思考；在科學相關領域，理性運算分析肯定重要，但也不能失去背後的溫度。一篇動人的散文，同樣有哲學思考的價值；一項跨世代的科技產品，背後也會有動人的故事。

一旦孩子對觀察的對象「有感覺、會思考」，那便有機會產生具體的連結，也就是「連結力」。

教學五力之三：連結力──從日常生活開花結果

打從上了國中開始，我對數學一直都沒什麼好感，也常常和許多人一樣提出「為什麼要學這個？市場買菜會加減乘除就好啦！」

直到大四那一年，修習了一堂「數學教材教法」，教授要我們各小組利用身上的零錢堆出五百公克的重量，只見大夥兒輪番把一把零錢在手掌中拋了又拋，時而多添了幾枚硬幣，時而挑了幾枚出來，直到老師最後發下了磅秤才發現，各小組的重量從兩百公克到一公斤都有。老師笑笑地說：「你們都學了十幾年的數學啊？」

這只是個小小的體驗活動，卻著實地令我震驚……原來數學跟生活是有關聯的！

不只數學，任何的學科或知識，最初肯定都是從生活中發芽，是來自於對某種現象的好奇、或是想要解決某些問題，經過一代又一代學者專家的努力探究、鑽研、整理，才來到我們的面前。既然如此，我們就應該要能夠協助孩子將知識「連結自己與生活」，結合個人的環境、想像，或經驗，讓孩子感受到：原來這個對生活中是有影響的、和我是有關聯的。

在教「味覺摹寫」時，會讓孩子思考為何好朋友聚會常常都會「約吃飯」，同時探索記憶中最難忘的味道；在教化學元素「鎂」的時候，會提到攝影用的閃光燈會稱作「鎂光燈」不是因為拍了會變美，而是早期真的是透過燃燒鎂粉來製造強光。

曾有一位年輕老師和我分享，他試著在班上帶領孩子接觸人權議題。為了讓孩子有感覺，覺得和自己有關聯，他特別鎖定受教權的部分，沒想到孩子聽得意興闌珊，絲毫不覺得這和自己有什麼關係。我試著帶這位老師想像這樣的畫面，來讓教學變得「有感」：

全班坐定之後，老師以銳利的眼神將全班掃視一遍，然後用嚴肅的口吻說：「班上的女生通通起立。」女孩子們緩緩起身，一臉錯愕。

老師接著說：「請離開教室，你們沒有資格坐在這裡上課。」大夥兒這時面面相覷，女生們也不知該不該動作，這時老師以更堅定的口吻說道：「你們是女生，女生沒有上學的權利，出去！」就在女孩子們不知所措，猶豫不決，甚至有點憤怒的時候，老師露出一抹溫暖的笑容：「孩子們，請坐，抱歉嚇到你們了。」孩子們鬆了一口氣，卻還是一臉不解。這時，老師邀請大家說出剛才的感受與疑惑，發表對「女孩子不能上學」的看法，在大家覺得非常不合理的同時，老師緩緩說道：「如果你在台灣早出生個幾十年，這件事情就會發生在你身上喔。甚至在世界上的某些國家，這樣的事情現在還正在上演……」

說到這裡，那位年輕老師已經點頭如搗蒜，激動地說：「我懂了！不是內容跟孩子有關，孩子就會認為跟自己相關；而是要透過老師的引導，讓孩子『感受到』和自己有關！」年輕老師的這段體悟，正是連結力的重點。重點從來不在於知識的「內容」，而是老師帶領孩子的切入角度或方法，幫助孩子感受到自己和它的連結。

有了前面的好奇觀察，引起了感受與思考，同時又連結到了自己，接下來就可以進入到內化的關鍵：「創造力」。

教學五力之四：創造力——打造個人的價值觀

創造力，也有人稱為創意力，兩者略有不同，也有許多共同點。很多人都會誤以為創意就是「無中生有」，於是我常會邀請孩子試著完成一個任務：

請創造出一個外星人，但他身上不可以有任何人類或地球生物的特質。比如「用嘴巴走路」，「嘴巴」和「走路」都算是地球生物的特質，所以不行，請大家試試看。

要不了多久，孩子就會理解到，這根本是不可能的。因為創意並非無中生有，而是打破框架，把既有的認知概念或元素以新的方式組織結合，創造出新的可能。而這個「重新組織結合，創造全新可能」的能力，就稱之為「創造力」。

孩子經過一連串由外而內的用心觀察、感受思考、自我連結，接下來就是要把前面的所有素材進行組織結合，創造成自己的認知概念。算數學的孩子在這個階段，會把前面的經驗建立成一個具體的運算邏輯或使用方式；學寫作的孩子，會在下筆前先將前面的想法感受組織成一個完整的結構；談人權的孩子，會在一番激辯過後建立屬於自己的想法與價值觀。

這是一個組織創造的過程，更是內化學習、建立認知與價值的關鍵。相較於前面三力，創造力是個相對安靜的狀態，但這裡的安靜並非死氣沉沉，而是像鴨子划水，表面上看似平靜，水面下的腦袋卻是忙碌得很，這考驗著也訓練著孩子的邏輯組織能力。

而不管組織得如何，一定要給孩子一個運用的機會、發表的可能，來談談最後一力：「表達力」。

教學五力之五：表達力——學以致「用」

亮語曾經舉辦過一屆很經典的營隊活動：「鹹淡水超人」，我們帶著近三百位的孩子在淡水走跳，從英國領事館到馬偕故居、從九坎街到漁人碼頭、從德記洋行到清水祖師廟，光是三天的行程把淡水的「五虎崗」走完了將近四崗。而活動最後的重頭戲，是讓孩子擔任兩個鐘頭的「街頭導覽員」。

建立了使命感和信心之後，孩子們都卯起來討論複習、分配內容、反覆彩排、製作道具，下午一點整，整條淡水老街都可以看見各組奮力為遊客導覽的身影。聽導覽的民眾都讚不絕口，不只台灣遊客聽得過癮，外籍遊客也樂在其中，很難想像這群導覽員只花了三天走讀淡水，而且是一群十到十五歲的孩子。學員們都在烈日下揮汗如雨，卻也甘之如飴，內心滿溢的成就感成為他們繼續分享的動力，甚至在活動結束後還主動帶家人舊地重遊、全程導覽，父母都大感驚奇，甚至有人感動落淚。

不只淡水。我們在竹東舉辦生命教育活動，最後孩子上街頭為流浪動物協會募款；舉辦客家體驗營，孩子最後舉辦客家博覽會帶民眾體驗；進行紅樹林淨灘，然後創作圖像詩放在歇腳亭成為最美的標語；認識「黑蝙蝠中隊」，然後把故事寫成小說進行發表 —— 這一切，都是「表達力」的魅力。

前文提到，成績不該是衡量學習的標準，那什麼才是？四個字 —— 學以致用。

孩子需要舞台、學習需要應用、成長需要信心，無論任何課程或領域的學習，一定要給孩子有表達的機會，讓孩子從中取得信心和能力。而最常見的表達方式有兩種：「說」和「寫」，把自己的想法試著用文字和語言傳遞出去，並留下紀錄。

雖說常見方式只有兩種，但形式和對象可是千變萬化：可以寫成書信對主事者提出想法，可以寫成專欄向讀者提倡社會議題；可以上台對同儕分享小組成果，可以上街向民眾推廣環保概念。依照不同主題設計合適的表達機會並進行訓練，不但給了孩子建立信心的契機，更給孩子帶得走且終生受用的能力。

從好奇觀察開始，經過不斷地思考與感受，連結自己的生活經驗和想像之後，內化成自己的認知和價值，最後再鏗鏘有力、情理並重地娓娓道來，多麼迷人而踏實的引導過程和學習思維。

教學五力的誕生與運用

這套「教學五力」的系統，是我在大學畢業不久，剛踏上語文教育這條路時所發想的。

記得當時帶領一群三四年級的孩子學習寫作，我認為「套公式、背成語」的教學方式只會讓孩子腦袋僵化，寫出來的內容沒有靈魂。我回顧自己的寫作和學習模式，大多是對生活有感，或是有著明確的目標，為了輸出而輸入。於是開始思考有沒有一套思維系統，可以讓孩子「信手捻來」，具備「落花水面皆文章」的敏銳度呢？

夜深了。坐在書桌前茫然之際，我忽地拿起桌上的手錶盯著它看 —— 如果就這樣隨手拿到東西就寫，我會怎麼做？我肯定要先觀察，很仔細地觀察，然後開始感受貼在掌心的冰涼觸感、思考錶面上每一道傷疤的意義，然後連結到自己的過去，組織腦袋的想法之後，便隨筆寫出自己都感到驚豔的作品。寂靜的書房裡，流動著我的興奮和喜悅。

十多年過去，當初的孩子長大了，這套系統不但沒有被時間淘汰，反而愈加完整，從創作思維進化成一套跨領域的學習系統。成千上萬的孩子在這套系統中成長茁壯，不只具備了傑出的思辨能力和寫作技巧，更擁有一顆細膩而柔軟的心。

別忘了「教無定法」，學也沒有固定的方式，這套系統並非一個單向運作的公式，而是可以彈性運用的靈活步驟。孩子可以在確認表達機會後再積極觀察，也可以在連結觸動個人經驗後再重新感思。老師們可以試著用五力教學系統，讓孩子從激發內在動力到具備表達能力，即便沒有外在的獎勵和誘因，依然能夠讓孩子「想學、能學、愛學」。

下一章將分享完整的「教學五力運用」範例，讓各位也能夠觸類旁通、學以致用。

整座城市，都是我的學習教室，
整個世界，都是我的表演舞台。

二、「教學五力」的實際運用——無聊的課文也能感人肺腑

分享一個我用了十多年的課堂範例，最早的靈感是來自廖玉蕙老師撰寫的《文學盛宴》裡頭的篇章，結合五力之後有了驚人的效果。

孩子的國語或國文課本中，會收錄許多精采的經典好文，但再好的文章只要被放進課本，立刻就會讓人興趣缺缺。因為老師通常都不會帶孩子走進文章裡，而是把文章拆解成生字圈詞、題解注釋、段落大綱、內容深究等，作品的美感和哲學思考一不小心就會消失殆盡。透過五力，我們可以帶孩子走進文章裡，找回文學的感動。

走進主角的世界

我以〈王冕的少年時代〉（以下簡稱〈王冕〉）為例，這是現在國中課本裡的課文，而且早在「國立編譯館」的時期就已經被選進課本裡了，相信許多大朋友都還有印象。

請大家先細讀課文的前兩段，我會直接用文字敘述我引導的過程，帶大家感受一下：

元朝末年，出了一個嶔崎磊落的人。這人姓王名冕，在諸暨縣鄉村裡住。七歲上死了父親，他母親做點針黹供他到村學堂裡去讀書。

看看三個年頭，王冕已是十歲了，母親喚他到面前來說道：「兒啊！不是我有心要耽誤你，只因你父親亡後，我一個寡婦人家，年歲不好，柴米又貴，這幾件舊衣服和些舊傢伙，當的當了，賣的賣了，只靠我做些針黹生活尋來的錢，如何供得你讀書？如今沒奈何，把你雇在間壁人家放牛，每月可得幾錢銀子，你又有現成飯吃，只在明日就要去了。」王冕道：「娘説的是。我在學堂坐著，心裡也悶，不如往他家放牛，倒快活些。假如要讀書，依舊可以帶幾本書去讀。」

讀完前兩段後，我請孩子們先把文章蓋起來，問他們對哪些詞句有感覺？有什麼感覺？沉默一陣子後，孩子說：

「啊不就課文？能有什麼感覺。」

「『針黹』這個詞啦！考試會考的感覺。」

「王冕不用讀書耶！很快樂的感覺！」

說到這，全班連同我在內都一起哄堂大笑了。我自己在學生時期讀到這篇作品時，也是一點感覺也沒有，倒是對於作者、題解注釋這些會考的部分印象深刻（比如針黹的「黹」默寫必考，但一輩子都不會再用到）。如果作者吳敬梓聽到孩子們的回應，肯定會暈倒。

我提示孩子：「會沒有感覺，是因為大家錯過了一個非常重要的關鍵詞！難怪會沒有感覺。」孩子此時都靜了下來，專注力立刻回到文章上，眼神隨著文字上下掃動。

「七歲！」我緩緩說道，「你爸在你七歲的時候就死了耶！」孩子們全都愣住了。我接著問：「七歲換算成現在是幾年級？」「小學一年級。」「沒錯，你在小學一年級就失去了父親，可以想像一個沒有父親的童年嗎？那是什麼樣的感覺？」孩子們臉色一沉，目光下沉，若有所思。

沉默幾秒之後，我話鋒一轉：「而且你守寡的媽媽為了養你把整個家都快賣光了，自己還努力打零工，但還是養不起，只好叫你不要上學了。不管你喜歡還是不喜歡，總之你不能再去學校，工作已經幫你找好了，明天就上工。如何？」

「我會很心疼媽媽也很想念爸爸，然後每天偷哭。」

「媽媽真的太辛苦了，但要去打工至少跟我商量一下比較好。」

「我應該會假裝答應去打工，但心裡面還是會很想去學校……」

孩子們開始你一言我一語地說了起來。「如果！」我突然提高音量，孩子們停下討論轉頭看向我，「如果王冕真的不想去放牛，他可以不去嗎？」

孩子們一下反應不過來。我接著說：「父母常說讀書是孩子的本分，那讓孩子讀書應該就是父母的本分了，說不定王冕可以要求媽媽去借錢讓他讀書呀。」孩子們此時都緊皺著眉頭，有些話到了嘴邊又吞回去重複咀嚼。

我追加了下一個問題：「曾有個高中女孩問我：『無法完成父母的期待，是否等於我不孝順？』大家怎麼看待這個問題？你會怎麼回答她？為什麼？」孩子們開始進行分組討論，有幾個情感比較豐富的孩子甚至紅了眼眶。我讓各組輪流發表看法，每一個發表者都會跟我進行一些延伸的對話，讓想法更完整。

比如孩子說：「我覺得完成期待跟孝順是兩回事。」我便會追問：「難道完成期待不是一種孝順的方式嗎？」當孩子說：「應該可以坐下來好好跟父母溝通。」我會繼續延伸：「那如何溝通才能在兩個立場中找到平衡點？父母的感受會是什麼？」

在協助孩子把想法與情感結合、系統化及內化之後，我會給予各組和全班熱烈的肯定。最後，我讓孩子們用王冕的故事當作引子，然後把最後對於父母的期待與孝順的想法寫下來。幾乎每一篇文章都鞭辟入裡、扣人心弦。

找出融入引導的教學五力

文字無法真正還原引導的現場，但肯定能夠看出些端倪和眉角。有從中看出五力的運用嗎？可以回去找找看，找完再繼續往下讀。

・觀察力

還記得觀察力可以由「好奇心」來啟動嗎？我在孩子們無感的時候，提出「會沒有感覺，是因為大家錯過了一個非常重要的關鍵詞！難怪會沒有感覺。」讓孩子們好奇自己究竟錯過了什麼，於是開始重新閱讀（觀察）課文，這是整個引導中最關鍵的起步。

•感思力

「可以想像一個沒有父親的童年嗎？那是什麼樣的感覺？」這是針對孩子的情感做叩問，也就是感思力的「感」，不只勾出孩子的情緒和想像，更透過同理和共感，讓孩子走進王冕的世界；而從「王冕可以不去放牛嗎？」延伸到「無法完成父母期待，是否等於我不孝順？」這便是感思力的「思」，讓孩子可以藉由故事中的素材進行哲學思考、腦力激盪，一邊動腦一邊理解角色的掙扎。

•連結力

指的是連結孩子的個人經驗或生活想像。有看出前面引導不斷重複出現的一個關鍵字嗎？也就是一開始的「『你』爸在你七歲死了。」一個字直接把王冕的故事嫁接到孩子的身上，透過想像讓劇情直接與孩子產生連結。所以當後面接著問「一個沒有父親的童年」，孩子便能順著這個連結一路走下去。

‧創造力

當孩子小組討論結束，開始釋放自己想法的時候，老師的角色相當關鍵，需要陪伴孩子把這些想法進行組織、延伸，然後內化，避免想法過於跳躍、破碎、衝突，或凌亂，在孩子的腦海中創造出屬於自己的邏輯架構和價值觀。

‧表達力

無論是過程中的對話、小組討論的發表，還是最後的書寫，都是發表的練習和機會。若以上述的例子而言，最後的書寫是整堂課的重點，所以在下筆前，我會帶著孩子討論這篇文章的呈現方式與用字遣詞，讓孩子不只有發表的舞台，更有不斷提升的表達能力。

拆招解式・綜合運用

再次強調「五力教學系統」並非一個單向運作的公式，而是可以彈性運用的靈活步驟，甚至可以說是課程設計的思維模式。前面將每一個力都單獨介紹舉例，而老師在現場使用時，肯定是綜合交錯、環環相扣的，也唯有如此，才能設計出一堂既有邏輯又有溫度和彈性的課程。

「語文，是我的專長；教育，是我的專業」，兩者結合，就是我擁有將語文知識素材「深入淺出」的能力。唯有夠深入，才能夠淺出，也唯有淺出，才能引領孩子走進語文的世界，然後再一步步深入，探索更有深度的範疇。

本書的讀者很可能擁有自己的某項專長，並且擔任這個領域的專任教師，於是可以在沒有外在動力的情況下，透過五力帶出孩子的內在學習動力，並將其不斷地延伸、延續下去。

唯有對學習產生了動力，
才能看見它最初迷人的樣子。

三、教學中的「目的方思考」——用孩子的角度看教室

許多老師在設計課程時都相當用心，卻在實際操作時不如預期，結束後，會帶著巨大的挫折感，有的老師會開始用高壓的方式整頓班級，有的會祭出華麗的獎賞與懲罰，也有的人會漸漸喪失熱情，對一切習以為常。

不管哪一種，都會離孩子、離理想中的教育越來越遠。問題出在哪裡？我們可以從源頭「師資培育」的現場談起。

想像與現實的巨大落差

任何接受過師培訓練的人，都寫過一種名為「教案」（教學方案）的東西，教案還分成「簡案」和「詳案」兩種。

簡案，指的是「簡易教學方案」，內容大致包含「教學目標、評量方式、教學流程」；而詳案可就複雜了，裡面還得包含「設計理念、對象分析、核心素養、議題融入、教學方法、教學資源……」族繁不及備載，很多時候寫詳案花的時間是實際教學的好幾倍，光是寫完就頭昏腦脹，甭論隔天的教學了（寫過的人肯定心有戚戚焉）。

在我看過的教案裡頭，最詭異的就是「師生互動」這個部分。所謂師生互動，就是要寫下所有計畫中的師生對話，內容大概是長這樣：

老師說：「同學們，請把課本拿出來，上次上到第幾課？」

同學答：「第四課！」

老師說：「請大家起立念課文。」

同學做：全體起立，齊聲朗讀第四課課文。

你沒看錯，就是要把所有預設的師生互動寫下來。其實，寫下倒無妨，但基本上是完全不管用的，因為往往和實際狀況會有巨大落差。實際情況很可能是這樣：

老師說：「同學們，請把課本拿出來，上次上到第幾課？」

同學A：「第五課！」

同學B：「屁喇！明明就是第四課！」

同學A：「第四課就第四課！那麼兇幹嘛？」

同學C：「喉——老師！B他剛剛說『屁』！」

同學D：「老師我沒帶課本……」

（老師兩眼發黑，口吐白沫）

這也是為什麼很多新手老師剛進課堂都很像在接受「震撼教育」，隨之而來的就是巨大的挫折感。其實並不是孩子有多糟糕，只是老師在做課程設計的時候，並未從孩子的視角出發，而孩子並非被絲線操控的木偶，若沒有針對孩子的狀況進行規劃準備，自然會出現與想像的巨大落差。

老師的說話思維

說話的目的，是要讓人聽；如果沒人要聽，或是沒人在聽，那說話便失去了意義。由此可知，老師在課堂上說的每一句話，都需要由孩子的角度來檢視，若孩子無法專注或無法理解，那老師的指令或指導語自然就無法發揮預期的效應。（然後教室裡就會常常出現老師說「我不是說過了，你怎麼都沒在聽？」這樣的聲音。）

剛剛提到「無法專注」和「無法理解」，是兩個不同的範疇。前者指的是孩子的意識狀態，後者則是孩子的認知能力。

・孩子的「意識狀態」

「來！所有人請伸手！」大夥兒帶點疑惑地陸續把手舉起來，有的人尚未反應過來，「還差幾個人，別怕，幫我舉起你的手。」補上這句話，尚未舉手的人會意識到不太對勁，趕緊把手舉起來，還有的會幫忙提醒旁邊還沒舉手的人。我掃視全場確定全部人都舉手後，會讓全場陷入一個極為短暫的沉默，然後瞬間開口：「快跟我熱情打聲招呼，『哈囉！』」「哈囉！」大夥兒都鬆了一口氣，露出淺淺的微笑。

我在上課或演講的時候，幾乎會以這樣的方式開場，久了大家會漸漸跟我建立這樣的默契，看起來就像一種神祕的儀式。說穿了，我只是要確認所有人的注意力都集中在我身上，再開始展開接下來的活動，如此才能確保接下來的資訊能被接收。我這麼做已經十幾年，集中注意力的效果很好，但這不是唯一的方式，任何能夠將孩子的意識聚焦的方式都可以。

理論上來說，「確認孩子有在聽」這樣的意識應該整堂課都要存在，但難度很高；不是孩子們早就飄走了，就是老師上課後就忽略了這件事。但我們總不可能整堂課一直停下來說：「來！伸手，看我這邊……」所以在課程設計的時候，就要把孩子的意識狀態考量進去。比如：

一、老師說話的佔比是否太高？孩子的專注力能夠持續多久？

二、內容是否會讓孩子搞錯焦點（歪樓），或是聽不出重點，以至於注意力拉不回來？

三、表達方式對孩子來說是否有吸引力？會吸引到什麼特質的孩子？

四、時間空間是否會產生意識干擾？比如：體育課後的汗流浹背、柔軟好睡的視聽教室座椅……

以上只是舉例，任何會影響到孩子意識狀態的因素都應該要被客製化的考量進去，事先考量得越接近實際情況，教學的流程自然會越順利。

• 孩子的「認知能力」

曾經和二年級的孩子聊到「童年」這個主題，我開心分享著自己的童年回憶時，幾個孩子卻皺著眉頭。我這時才意識到不對勁，趕緊問：「你們知道什麼是童年嗎？」孩子回答：「知道啊！就是一樣年紀的人啊（同年）！但我怎麼聽不太懂你說的是什麼意思？」

已經變成大人的我們，對世界會有很多既定的認知，以固定的語言型態儲存在我們的腦海裡。於是在跟孩子對話時，必須要意識到表達內容是否符合孩子的認知能力，以此進行詞面的抽換或是進一步說明。比如：

一、「我們心有靈犀。」

二、「我們很有默契。」

三、「我們不用說，就知道彼此的心裡在想什麼。」

三者其實表達的意思都差不多，但需要的理解能力卻大不相同，需要以孩子的「年齡、程度、背景」等不同指標來考量，指標之間可能會互相影響，但不一定有著絕對關係，年紀小的孩子程度不一定比較差，偏鄉的孩子也可能具備良好的認知能力，需要以實際情況進行語言表達的判斷。

用對了語言，會讓整場教學一路暢通；用錯了，便會寸步難行。還有比寸步難行更可怕的，就是「看起來暢通，實際上卻是一場空」。以常見的教學現場生態而言，多數聽不懂的孩子並不會主動表達，常常到需要發表或考試的時候才發現。與其等到發現時才責備孩子或是進行補救，不如在一開始規劃的時候就盡可能精準到位，預防勝於治療。

特別提醒，不是語言越簡單越好，用了太多解釋性的語言，讓教學節奏變得過於緩慢，反而會造成反效果。另外，簡單也不等於「幼稚」，有的老師一上台就會以直達天際的高音對學生說：「各位小朋友好！伸出你的手手來跟老師說——哈囉！」除了幼稚園的孩子之外，通常就會換來台下孩子的一臉錯愕，甚至有些反感。除非老師打算以此作為鮮明的個人風格，否則真的不需要這樣，以正常的語氣搭配合適的語言即可。

用畫面來設計課程

在修辭學裡頭，有一個相當奇幻的手法稱為「示現」，它會把過去、未來、甚至只是腦海中想像的畫面，當作現在正在發生的事件來描述，這手法在電影中也很常見，常常將觀眾和讀者玩弄於股掌之間。（推薦一本實用的修辭書：《早知道就這樣學修辭》）

在設計課程的時候，需要的正是這樣的技巧，我把它稱為「畫面思考」，還可以分成「教師視角」和「學生視角」兩種。

• 教師視角畫面思考

還記得本篇開頭提到班級失控讓老師口吐白沫的慘劇嗎？那樣的情況若發生在陌生的班級是比較合理的，若是發生在老師已經熟悉的班級，肯定哪裡出了問題。跟孩子相處一段時間之後，對班級特性、不同孩子的特質與反應都會有進一步的了解，所以當我們在設計課程的時候，一定要試著在腦海中浮現對應的畫面。我們直接以開頭的情境來舉例：

當我們要請孩子把課本拿出來時，想一下班級畫面，就有機會想到常常忘東忘西的幾個孩子會舉手說「老師我沒帶！」如此不但會打斷教學流程、影響班級氣氛，也會讓預定「人手一本課本為前提」的教學計畫無法執行。

既然已經預先想到這個畫面，那麼就把流程改為「有人沒帶課本嗎？沒帶的舉手。」然後再執行B計畫：「去拿老師已經準備的幾本備用課本」或是「兩個人一起看一本」，如此不但能讓教學按計劃進行，也可以維持預期的班級氛圍。如果預設會沒帶課本來的孩子都把課本帶來了呢？那更好，就可以按照原來的A計畫進行，同時也別錯過可以肯定孩子的機會。

能夠規劃出最適合班級的流程，甚至準備不同的應變方案，關鍵就在於「畫面思考」。每一個教學步驟，甚至每一句引導語，都可以試著在腦海中浮現孩子的反應畫面，看見有可能的狀況或問題，以此來具體調整實際要執行的流程。而這樣的思考可以應用在簡報設計、提問方式、排隊動線、作業安排等，可說是無處不可用。

• 學生視角畫面思考

曾在某個農場，遇到一群來校外教學的師生在草地上集合。老師站在背對太陽的位置，向坐在地上的孩子下指令，一群孩子抬起頭看向老師，陽光刺得眼睛都瞇成了一條線，後來索性都移開了視線，老師還不太開心地說：「我在講話你們看哪裡？」我想，這位老師不是故意要折磨孩子的眼球，他只是直覺地選了一個方便自己說話的位置，卻沒能「用孩子的視角」來規劃，才會出現如此不合情理的狀況。

我們的每一句話，都是為孩子說的；做的每一頁簡報，都是讓孩子看的；規劃的每一個活動，都是讓孩子體驗學習的。在設計課程的時候，必須也能用孩子的視角來觀看自己，觀察整個活動。好比我在準備演講時，會拿著麥克風走到場地的各個角落來調整音量；安排座位時，會坐在不同的角落斟酌座位空間的規劃與方向。

好老師，是孩子說的算；好課程，當然也是以孩子的感受為準。當我們有辦法掌握孩子的視野，便有機會為孩子打造最動人的課程，這肯定是課程設計的關鍵步驟。

目的方思考

無論是「為孩子而說」的說話思維，還是「為孩子而做」的畫面思維，我都稱之為「目的方思考」，這是我做師資培訓的重點，更是團隊訓練的核心——以收信者的角度來檢視，才能寫出一封清楚又有溫度的信；以受訪者的感受為出訪點，就能揣摩如何當一個好的訪問者。

這樣的概念運用在商業模式中，稱之為「使用者體驗」，也就是常聽到的「UX」（User Experience），無論是商品開發、網頁設計、休閒服務，都非常重視使用者的感受，也唯有如此，才能開發出最好的商品服務，進而打造良好的商業模式。

我們做的每一個選擇和決定，一定都有背後的原因和目的，以目的回推執行的方式，便能找到做事的準則。這樣的邏輯運用在教學現場，就是近代教育的趨勢「學生中心教學」（Student-centered Instruction），以這樣的思維，才能真正設計出符合孩子的課程，成為能夠陪伴孩子學習成長的老師。

當我看見你，更看見你眼中的我自己，
我便能在自己身上找問題，在你眼中找答案。

四、打造最適合的「空間環境」——神奇的一百種隊形

有一次到某個基金會演講，來自各分部的課輔老師把座位全都坐滿了。一站上台，我就覺得不妙——那是個長方形的場地，坐在場地後方的人跟我之間像是隔了一片海，互動起來十分困難（如後頁圖四）。

講座開始十分鐘後，為了讓所有人都有更好的體驗，我提出調整隊形的要求，大夥兒都動了起來，先把左右兩側（長方形的長邊）靠邊的桌椅移開，然後全體座位靠向其中一側，我走到另一側的中間，再請大家轉過來，變成一個微扁的「凹」字形，我人就站在缺口的正中間（如後頁圖五）。

調整完之後，全場都驚呼了一聲，因為每個人都變得離我好近，氣氛也瞬間熱絡了起來。雖然要看投影幕時需要扭頭看向另一側，但所有人都覺得這樣的調整太神奇了。

不只是演講，就連同一個班，我也會依照不同課程的性質，把座位調整成適合的隊形，演講式、舞台式、會議式、伸展台式、對話式、小組式……每一種隊形都有各自的優缺點，適用於不同的需求和情況。

座位隊形的安排肯定會影響課堂氣氛、教學流暢，以及孩子的專注，好的課程設計搭配好的隊形，絕對是如虎添翼，甚至在做課程設計的時候，就應該要把座位隊形的設計一起安排進去。

以下，和大家分享幾個調整隊形的原則。

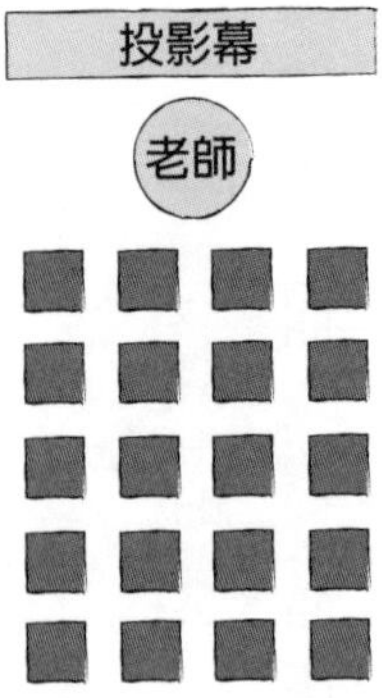

圖四：調整前座位

圖五：調整後座位

依課程需求調整隊形

「沒有最完美，只有最適合」，老師要先釐清自己課程的性質與需求，或是個人的教學習慣與風格，同時兼顧孩子的視角，安排最適合的座位隊形。比如：

•教學討論式

常常運用分組討論的老師，就需要排出方便各組討論的隊形，小組之間要有區隔，但也不需太遠以免浪費空間。但如果依然有相當的比例需要讓孩子盯著台前的老師或投影幕，那就可以透過座椅方向的即時調整，來因應一堂課裡的不同需求。

•舞台劇場

需要讓孩子登台演出的課程，那在前方肯定要空出至少三分之一的空間作為舞台，而後方的座位可以透過集中或靠邊來增加座位空間。如果教室空間不夠，乾脆將所有桌椅靠邊讓孩子席地而坐，方便討論彩排，又可以保有舞台。若空間還是不夠，那可以考慮用半圓形甚至環形的方式安排座位。

以上兩種只是舉例，老師可以按個人的需求、學生人數，和教室空間進行設計。如果隊形變動的頻率較高，建議讓孩子熟悉每一種隊形的排法，甚至安排不同隊形的負責人。不但可以提升變換的效率，也可以增加趣味性以及孩子的使命感。

拉近師生距離

本篇開頭調整隊形的例子，就是因為我和後半部聽眾的距離太遙遠了。不同形狀的空間，一定有距離孩子最近的隊形（或許可以找幾何概念強大的數學老師一起規劃討論），老師可以試著打破既定的座位框架，比如老師站在角落讓學生的座位向外擴散（WIFI 符號），甚至不惜改變空間裡的硬體位置以達到目的。

不管怎麼安排，都一定會有比較邊疆的地帶，所以在安排完之後，老師務必要到每個邊角坐坐，體驗一下孩子的視角，盡可能避免「發配邊疆的孤獨感」或是「躲在角落的舒適感」，讓即便在邊角的孩子也可以保有足夠互動的空間可能。

另外，無論是授課還是演講，只要看到講桌，我一定第一時間把它移開。不是講桌的問題，而是老師跟孩子之間不應該有任何障礙物，讓老師可以靈活地決定變化與孩子之間的距離，同時不用擔心前排孩子被講桌擋到的可能。

多功能變化隊形

雖說隊形要盡可能配合課程，也可以訓練孩子來調整隊形，但它畢竟是一項工程，整天都在施工也不是辦法。當年我擔任學校班導師時，就為此下了不少苦功，最後排出一個「距離最近、變化最多、移動最少」的隊形。我當時的目標是：

- 每個座位都能朝向我（不需轉頭）
- 隨時都能進行分組討論
- 我能移動到每個孩子身邊
- 前方需有小組演出的空間

經過幾次調整，以及和孩子一起集思廣益，最後排出一個很像「兩個國字『八』疊在一起」的隊形，嚴格來說很像「八分之三個八卦形」，而我在八卦的中間（如下圖）；這個隊形實在太特別了，別班的師生經過都會多看幾眼然後嘖嘖稱奇，自己班的孩子也因此倍感驕傲。

此隊形功能性極高，但有兩大問題：第一，是很難排得整齊，孩子們練習了一個月才能夠不靠地上的膠帶排得整齊（不靠地板膠帶更需要默契啊）；第二是四通八達但中間不好走動，但同時也有意外的收穫，那就是教室奔跑的情況消失了（走都不容易了更何況要跑）。

除了隊形，我當時每週都讓孩子換一次座位，當然也是讓孩子練習到能夠自己進行。換的方式是

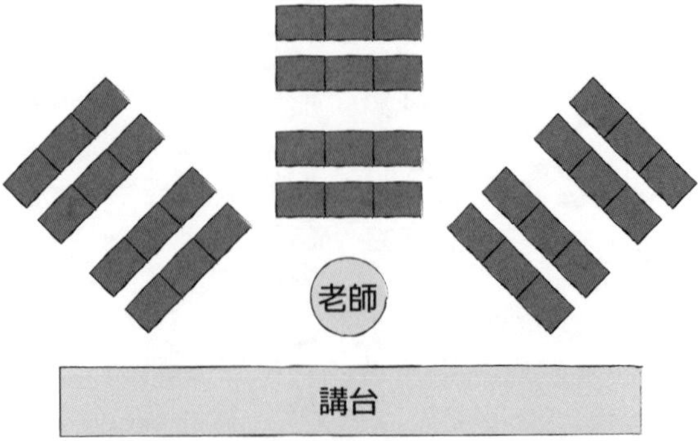

多功能隊形

以「組」為單位（一整組一起移動），這樣便能在維持小組成員的前提下，讓孩子每週都感受到新氣象，這樣的新鮮感就像活水一樣，每週都能攪動班級一次，同時也可以避免抽屜裡出現發霉長蟲的三明治。

這是當時最適合我的多功能隊形，以及座位調整的方式與頻率，給各位參考。大家也可以試著按照以上原則，規劃出最適合自己班級教室的座位隊形與變換方式。這是課程設計時需要考量與規劃的重要元素，千萬不要忽略了。

除了隊形，空間的整體氛圍也是可以規劃的。比如我在教室裡喜歡使用大約 4000K「畫光燈色」的燈，一般來說教室常見的是 6000K 的白光，我認為少了些溫度，若是用咖啡廳常用的 3000K 的黃光，又顯得昏暗，而畫光便是介於兩者之間的好選擇。

另外包含植物擺放、器具設備等，都可以配合課程主題或教室性質來規劃，讓孩子浸潤在更優質的空間裡。只要避免喧賓奪主、華而不實的規劃，好的空間氛圍對於孩子的學習可是很加分的。

每次的排列組合，都是在找尋，
一種住進你心裡的方式。

第參章·重點提醒

- 引發內在學習動力的教學五力：一、從好奇心開始的「觀察力」；二、感性理性兼備的「感思力」；三、連結生活與個人的「連結力」；四、進行內化組織的「創造力」；五、學以致用的「表達力」。
- 所謂「專長教師」指的是「熟悉某個領域，並能將其深入淺出帶領孩子學習的老師」，當專長教師將教學五力融入課程思維，便有機會引起孩子對特定領域的內在學習動力，進而提升學習成效。
- 設計課程時腦海中不只要浮現孩子的畫面，更要揣摩孩子上課的視角和感受；不能只專注在「我要教什麼」，更要思考「孩子怎麼學」。唯有將「目的方思考」融入課程設計，才能上一堂對孩子而言「貼心」的課程。
- 透過「座位、隊形、光線、擺設」的靈活變化，打造更切合主題、利於教學的空間，讓孩子更能夠浸潤其中。

・第肆章・

如何進行「有效的課堂互動」

——上一堂停不下來的好課

我常常到全國各地演講，也常常在演講結束後趕回教室上課，也因此我得以將各地的故事帶回來跟孩子分享。

有各階段的青少年成長故事、不同企業的管理文化、父母老師的辛酸血淚……孩子們都聽得津津有味，也會充滿好奇地拋出各種問題。有一次一個口條極好、常常觀察我如何說話的女孩，在課後問了一個讓我印象深刻的問題：

「老師，你的演講曾經失敗過嗎？」

「失敗過嗎？」這個問題讓我頓時愣了一下，看著她殷殷期盼的眼神，我告訴她：

「不一定都成功，但一定不會失敗。」

「為什麼？」女孩眼睛睜得更大了。

「因為從來不是大家來聽我演講，而是我來為大家分享。」

「喔——」女孩拉了個長音，「所以台下的人才是主角，對嗎？」

「沒錯。心中有聽眾的人，才有機會與觀眾產生火花；沒有聽眾的人，只會在乎自己要講什麼。」

「難怪有的名人演講會這麼沉悶，原來是大家去聽他說話，台下不管坐誰講的內容可能都大同小異。」

女孩悟性很高，而我也重新咀嚼了一次和她的對話。在這之前，我並未意識到自己面對孩子或聽眾的心態原來是這個樣子，現在回想起來，這種以學生為主角的教學設計、以聽眾為方向的演講思維，真是太棒了。

曾有亮語的孩子說，上我的課常常會從我口中聽見他自己都聽不見的心聲；曾有快要退休的老師說，一場兩小時的研習竟讓他找回三十年前當老師的初衷。我想，這都源自於「目的方思考」這樣的思維脈絡。

有了這樣的切入角度，就有機會貼著孩子和聽眾的想法與感受，製造精采的共鳴和互動。以下，精選幾項課堂互動的關鍵技巧。

一、用「精準預評」掌握孩子的行為

——我懂你的感受，我們一起走！

想像一個校園情境，並且猜猜看學生的反應：

鐘聲響起，老師走進教室，在講台上看著全班，清了一下喉嚨說：「同學們，這堂是作文課，下課前交出一篇四百字的作文。」

猜猜看，台下學生們的反應是什麼？沒錯，相信每個人都猜得到，台下的反應肯定是：「蛤——」

這時，有的老師會說：「蛤也沒有用，還是要寫。」甚至有的老師更狠：「蛤什麼蛤？再蛤就五百字！」

上述的情況，是課堂常見的互動情景，甚至可能是大家學生時期的共同記憶。乍看之下不是什麼太大的問題，但若是以學習情緒的角度來看，孩子在課程一開始就出現極度排斥的負面情緒，再加上全班一起慘叫的相互渲染，對於學習非常不利。不管課程設計得再怎麼用心，以如此負面的班級氣氛和學習情緒作為課程的開始，後面要力挽狂瀾的難度也相當高。

既然，每個人都可以預料到孩子們的反應，那老師肯定更熟悉，為何還要用這種「自殺式」的方式開場呢？答案通常有兩種：一是「並未想過孩子的抱怨反應會帶來的嚴重性」，二是「不知道還有其他開場的說話方式」。

孩子的內在動機和學習情緒有多重要，前面已說了很多，這裡就不再贅述；而負面班級氣氛對課程的殺傷力，自然也不在話下。在此分享一個非常實用，用過的老師都無法自拔的口頭互動技巧——「預評」。

什麼是預評

直接舉上面的情境來對照。

鐘聲響起，老師走進教室，在講台上看著全班，一臉同情地說：「孩子們，我知道這個任務會讓你很抗拒，你們一定會『蛤』出來。」老師眼神掃視全場一遍，「但先忍住，咱們班一定可以解決的，我們今天要寫一篇作文。」

台下孩子們可能會一臉不情願，或是有細碎的抱怨聲響，又或是一片沉默；但像前文那樣全班齊聲抱怨的機率就小多了。因為孩子們的感受，連同有可能的反應，已經被身為老師的你溫柔接住了。

接住？怎麼一回事？

前文的情況，也是一般常見的順序：一、「公布任務」，二、「觸發情緒」，三、「反應行為」。而後面這次，老師預先說出後兩者「情緒」（會讓你們很抗拒）和「行為」（大家會「蛤」），並加以規範和安撫（先忍住，我們班會解決），最後才公布任務（寫作文）。如此一來，孩子接收到的，不是突如其來的打擊；而是讓他在做好心理準備的情況下，把任務輕輕放在他的掌心。

這種「預先說出有可能的情緒反應，並加以評論或規範」，我把它稱為「預評」——預先對有可能的行為作出評論。

預評的實際運用

預評是非常實用且百搭的互動引導技巧，很適合搭配本書提及的各種方法，綜合運用在各種班級情況。看看下面戶外教學的例子：

等等要到教室外面上課，老師已經預料到孩子出去就會像脫韁的野馬，又想起在本書學會的「預評」以及「引導」技巧，於是有了以下對話。

老師：「等等出去上課，大家一定很興奮，肯定會有人興奮到忍不住聊天吵鬧，怎麼辦？」（老師預先說出有可能的情況，同時引導孩子練習解決自己有可能出現的問題）

學生：「老師，我們要提醒自己。」「老師，我們也可以互相提醒。」

老師：「這辦法不錯。但怎麼提醒？出去難免會想聊天，人那麼多不是每個人都提醒得到。」（引導聚焦和具體）

學生：「那就分組一起走，同組的就可以互相提醒。」

討論至此，老師決定可以出發了，孩子已經提出有意義的解決方式，而老師準備扮演「協助孩子執行」的角色。（有些老師會想要扮演「督察」的角色，準備抓孩子的毛病，但其實沒有必要）

出發前，老師集合各小組：「剛才大家提出了解決問題的方式，很棒！很可能還是會有人忍不住聊天，但這樣就破壞剛才的一番苦心了，大家一起努力執行！」（看見並肯定孩子前面做對的事，並預評接下來的情況，加以提醒規範。）

孩子們鬥志高昂走出校門，目前情況一切良好。老師根據經驗預料到孩子的自制力可能撐不到十分鐘，沒必要等到孩子撐不住再責備，因為自己要扮演的是協助者，同時建立孩子對於自律共律的成就感。於是在第八分鐘的時候，老師突然停下腳步，嚴肅地對孩子們說：「不愧是我們班，狀況真好，剛剛也聽到小傑那一組和幾個同學都有互相提醒，太棒了。」（再次看見與肯定孩子，加上「點線面」的焦

點變化)

「但時間拉長難度就更高了，距離目的地還有十分鐘，我們班可以維持這樣的高品質嗎？」(預評下一步。)

全班秩序良好地繼續前進，來到大馬路口，在紅燈停了下來。老師對全班說：「有的屁孩在過馬路會衝太快或走太慢，兩種都很危險。等等我們要用什麼速度過馬路？」(再次預評與引導)

「快步走！」小光立刻回答。

「不愧是小光，我們班肯定都會做到像小光說的這麼優秀，走！」

接下來，老師便保持這樣的預評節奏，順利完成整個教學活動。

掌握預評點

上面的例子無法完全符合所有孩子的反應，重點是要呈現預評運用在教學現場的模樣；而例子中老師「使用預評的時機」，我稱之為「預評點」，會出現在「孩子出現超出期望反應之前」。

換句話說，老師需要具備類似「預知」的能力。這聽起來很玄，但實際上並不困難（比如一說要寫作文，大家都可以預知「蛤」的聲音），可以透過三個部分來加強。

第一，是「同理心」，也就是前面章節提過的「用孩子的視角來看」，只要能夠掌握孩子的視角，自然能夠理解孩子的情緒，在活動規劃與教學設計的時候，就可以預先安排好預評的時機。

第二，是「敏銳度」，也就是觀察孩子的狀態，如果孩子已經出現不尋常的表情、發出些許雜亂的聲音，那就不需要等到事態擴大，請當機立斷準備進行預評。

第三，是「經驗值」，只要不斷地嘗試「同理」和「觀察」，一定就會在與孩子相處的過程中逐漸累積經驗值，經驗值就可以協助我們預先推測出孩子的反應。經驗值越高，推測就會越準確，也就可以做出越精準的預評。

「威脅恐嚇」不算預評

以前面戶外教學的情況為例，校園中很常出現類似「你們等等出去給我把嘴巴閉上！只要有任何人發出聲音就全班回來，我們以後都不要再出去了。」這樣的效果通常不但有限（有的孩子就是不怕威脅，也有的孩子一出去就全忘了），老師也很容易讓自己陷入窘境（吵了到底要不要回來？下次還要不要出去？）

最大的差別，就是「老師的角色」。

「威脅者老師」是站在學生的對立面，負責給予壓力和判定結果，久了會與孩子漸行漸遠；而「預評者老師」是孩子的同路人，協助孩子完成任務並取得信心與成就感，和孩子越來越靠近。另外，威脅者並不需要在意孩子的感受，而是著重在透過高壓外在約束避免行為發生；而「預評者」則是從孩子的視角與感受出發，著重透過內在力量引發出預期的行為。

兇孩子、威脅孩子，是一個要盡可能避免的選項，那是無法溝通的下場，是失控之後的不得已，是要盡量避免甚至需要道歉負責的。不要讓孩子怕我們，得到孩子的認同、尊重與信任，才應該是我們努力的目標。

語言順序差很多

用「預先說出有可能的情緒反應」的方式，可以接住孩子的心；而「調換語言的前後順序」也會帶來截然不同的效果。

亮語曾連續舉辦十二屆的傳奇寫作營，帶領來自全台和海外的青少年，深入探索在地文化，化為動人文字。有一年，我們來到新竹關西鎮，探索完在地的人文古蹟、自然地景之後，已經有超過四十年歷史的「六福村主題樂園」也成為了我們的課程範圍，我們替孩子設計了一堂「遊樂園寫作課」。

第一個梯次，由一位隊輔向孩子宣布這個消息：

隊輔：「孩子們，我們下一站要去六福村喔！」

全體：「耶——」全場大暴動！

A生：「太酷了吧！是要讓我們去好好放鬆一下嗎？」（孩子問得很大聲，全場又靜了下來。）

隊輔：「當然是要去寫作啊。」

全體：「蛤——」

孩子的情緒瞬間從天堂掉到谷底，後來用了很大的力氣才讓孩子回到能夠寫作的情緒。其實，在原來的氣氛中，孩子們已經對每個寫作活動都充滿期待，也已經產出許多好作品；只是隊輔的宣布方式，一瞬間把孩子推得太高，重重摔落就很難避免了。

下一個梯次，我調整了宣布的方式，並加上了預評的技巧，狀況是這樣的：

老師：「我們準備挑戰下一個『寫作任務』（加強語氣），但這次的任務地點很不一樣喔。」

全體：「せ——」

老師：「我們等等要去寫作的地點是——六福村！」

全體：「……」孩子一臉不可置信，「耶——！」兩秒後爆出如雷的歡呼。

老師：「等等！以我對你們的了解，一定會有人無法定下心寫作，知道為什麼嗎？」

B生：「因為那裡畢竟是遊樂園啊，到處都很熱鬧。」

C生：「而且我們看到器材就會很想玩。」

老師：「沒錯！又熱鬧又有吸引力！我們也會有玩的規劃，但也會有寫作的部分，怎麼辦？」

B生：「那就玩的時候好好玩，寫的時候好好寫啊！」

D生：「哪有那麼容易啊！我們是小孩耶。」（全場爆笑）

老師：「沒錯，一點都不容易，想要試試看嗎？還是想要放棄這個行程？」

全體：「想挑戰、想挑戰！」（此起彼落）

老師：「好！以我這兩天的觀察，覺得大家是有機會挑戰成功的，我們互相提醒、一起努力！」

全體：「好！」（全場鬥志高昂）

接下來，就如同前面戶外教學那樣，在孩子狀況依然良好時（出狀況前）就給予高度的肯定鼓勵與提醒，然後把時間間隔逐漸拉長，孩子們的表現非常出色。

比較前後的情境，最大的差別其實就在宣布任務的「語言順序」。

前者孩子接收到的訊息是「要去六福村卻還要寫作」，情緒被推高之後再急速下降至低處；而後者是「要寫作但可以去六福村寫」，維持原來的情緒然後快速上升（再透過引導找回平衡），兩者自然就會有天與地的差別。換句話說，只要前面的「歹康」不要太沉重，「把好康的留在後面」是很值得參考的說話順序。

說穿了，其實也是「預評」的邏輯 ── 預先想到孩子的情緒反應，然後因應這樣的情況作出適當的調整，只是這裡調整的是語言先後順序罷了。

預評的「語言習慣」

曾有受過訓練的老師來觀察我上課，課後驚喜地分享：「老師，你課堂中的預評還真是俯拾即是耶！」老實說，我沒有認真算過，我自己也無法計算，因為它已經內化成我固定的語言模式了。比如：

在討論開始前，我會說：「我知道這個主題不好討論，但是我們班……」

在動筆創作前，我會說：「很多人在這裡會忘了分段，或許……」

在下課放學前，我會說：「要全班都把作業交齊並不容易，別忘了……」

在意見調查前，我會說：「要舉手表達立場有時候挺尷尬的，大家……」

在公布好事前，我會說：「等等你們一定會把屋頂掀了，所以務必……」

換句話說，我已經在教學過程中，養成「把孩子放在心上」、「用孩子視角思考」的習慣，所有的引導都會貼著孩子的心。只要養成預評的語言習慣，不但更能掌握班級的氣氛與課程節奏，更能夠與孩子緊緊相依。

因為很在乎，所以猜得到你的反應；
因為猜得到，所以會輕輕地接住你。

二、用「主動分享」引起共鳴——最扣人心弦的引導技巧

「什麼是教學？為什麼要教學？」這是我在很多研習會問老師的事。對我而言，教學是一種「分享」的行為，就像吃到美味的烤布蕾想帶回去給家人吃、追到好劇想找好朋友一起追那樣。我對語文還算有點天賦與興趣，所以我念了相關科系，之後站上了講台，和孩子們分享我生命中對語文的熱忱，這是我教育路上其中一個重要的養分。

那如果對自己的教學內容沒有熱忱呢？我想這就是更根本的問題。暫且先放下我們生命的選擇在哪個部分發生了什麼事，我們或許可以直接把對教學內容具備熱

忱視為「必須」，在備課之前，先透過閱讀、看影片等不同方式自學，找到自己對它的興趣與感動。

一位對所學有熱忱的老師，肯定會具備對應的感染力；就像我曾遇過一位用生命在愛國文的老師，課程內容即便我尚未理解，但當我看到她邊談蘇軾邊掉淚的時候，我似乎也進到了她的感動裡，想一探眼淚背後的世界。

當老師站上講台之後，從學科到生活、從生命故事到社會議題，能分享的事情太多太多了。尤其在現在以素養為核心的教育模式，更支持老師們這麼做。而分享的過程，有些技巧可以試著練習，讓分享的過程更為流暢而完整。

「真誠」的分享

曾做過多年的師資培訓，對象從大學生到資深教師都有，每次到了上台試教的階段，大部分的人都會在上台後變了個樣，變成一個極度不自然的狀態。

有人走進教室就拉高音調，用過度親切的聲音說：「各位小朋友——大家早

——」也有人一站上台就來個下馬威：「你們給我聽清楚，不准有人給我上課說話！」不管是哪一種，都離真實的自己很遙遠，距離孩子也就更遙遠了。

有的人是刻意的，有的人是不知不覺的。

剛當上老師的時候，曾有前輩好心叮嚀：「對孩子就是要兇，千萬不要讓他們爬到頭上，要讓他們珍惜老師的笑容。」當時聽了覺得無比荒謬，卻又可以理解前輩為何會有這樣的想法，這就像前面說的，需要「刻意做出一個樣子」來管理班級。

另一種，就是「不知不覺」的情況，更為常見。

不少人都在學生時期有過這樣的經驗：覺得在台上有些嚴肅的老師，私下互動起來卻無比親切，和台上的形象有著巨大的反差。換句話說，每個人都有自己最自然可愛的一面，請不要吝於把這一面在台上展露於孩子面前，這甚至是跟孩子真誠互動的必要條件。

話說回來，在台上呈現真實的自己很困難嗎？

很困難。就像是演說比賽，要講得像是在和台下觀眾聊天，又要能兼顧內容組織，一點都不容易；雖說不容易，卻也能夠透過練習來克服。試著放一台攝影機在其中一張空座位上，把自己台上的樣子錄下來，用學生的視角來觀察，很容易覺察自己的狀況，再來就是不斷調整自己的心態和說話方式。

若無法一下子到位，可以用家教或課餘輔導孩子的機會練習看看，從一位、兩位學生，用邊聊邊教的方式進行對話教學，接著逐漸增加人數，並盡可能保持輕鬆自然的狀態，直到能在全班面前也能自然表達為止。

同時也別忘了，要搭配前文所提的「引導、眼光」同步進行，才能達到最理想的狀態。

值得「信任」的人

那是我帶過的第二個國中班，就在開學的第一堂課，讀到了單親家庭的文本，我當下便想到自己父母離異的童年經歷。

雖然不是什麼不可告人之事，卻依然是有些隱私的事情。看著台下一群陌生的國中孩子，我猶豫了一下，還是選擇勇敢地說了出來。我含著眼淚說完自己的故事，沒想到台下也跟著紅了眼眶，大夥兒很快便走進了文本要傳達的情境裡。

下課時，有兩個齊瀏海的女孩等到大家都離開後，默默地到我身旁說：「老師，我們可以跟你聊聊嗎？」聊了才知道，一位是父母親正在談離婚，另一位是從小在父母的打罵之中長大，兩個女孩說得淚眼汪汪，我也聽得心疼。離開前，我問兩個女孩為何願意把事情告訴素昧平生的我？女孩們聳聳肩說：「不知道，可能因為聽到老師先說了你的故事吧。」

我常跟孩子們說：「**要取得別人信任的前提，是要成為值得信任的人。**」而敞開心胸的自我揭露、分享更真實的自己，便是一種主動釋出信任的方法。同時，也沒有任何故事能比自己經歷過的更真實動人，學會勇敢地分享自己，也是練習引導、溝通訓練的重要關鍵。

當我說了自己的故事，孩子便走進了我的生命中；悄悄地，我也住進了孩子的心裡。師生之間得以更靠近，心和心緊緊相依。

「眼神」交會的美好

「說話時要看著別人的眼睛！」從小，我們都是這樣被教導的，這樣才是「有禮貌」。而實際上，這件事情一點都不容易，光是盯著一個人的眼睛說話就可能會覺得不自在，更別說是看著一群人了。

對多數站在台上的老師或講者而言，往台下看到的往往是「一群人」，而非一個個獨立的個體，於是在說話時眼神很容易飄忽不定，有的會盯著手上的課本講義或投影布幕，有的會環顧四壁或望向教室後方，好不容易看向孩子的時候通常是以「快速掃視」的方式，很難真正和台下對到眼神。

也正因為如此，台下的孩子也很難把眼神停留在老師身上，只要乖乖的不吵不鬧、不要干擾課堂秩序，老師也不會注意到自己，而這樣的情況孩子其實很難保持專注。試想，要你盯著一個一直沒有在看自己的人，沒有眼神交集、沒有言語互動，這樣的專注力能維持多久呢？

老師們，練習看著孩子說話吧！給大家兩個練習的重點：

•眼神停留

試著在掃視的時候，把眼神短暫停留在每一對眼睛上，哪怕只有零點一秒，就能讓孩子知道「我被看見了、老師在跟我說話」，這絕對能大幅度提高孩子「正在對話」的正面感受，同時也能發現眼神渙散或注意力不集中的孩子，給予及時的提醒。

剛開始練習的時候，一樣可以用「由少到多」的方式，可以先從人數較少的群體開始，比如一對二說話，就把眼神輪流分配給兩個人，再來是一對三、一對五、一對十，人數逐漸增加的過程保持眼神的閃動與分配；或是用「由多到少」的方式，把台下切成幾個不同的區塊，然後眼神輪流但不固定（不要被孩子掌握到固定邏輯）地停留在不同區塊中掃視，但記得要「越切越細」，因為最終目的是盡可能和每一對眼睛交會。

•思緒流動

練習對到眼的時候還能夠「繼續正常說話」，保持思緒的正常流動。這件看起來輕而易舉的事，做起來其實難度很高，很多人在與人四目交會的瞬間，腦袋會一片空白，一下子想不起本來要說什麼，預備好的思維會在腦海裡頓時斷片。

這同時取決於老師備課方式，如果以「記憶」的方式備課，將內容和流程背起來或寫在紙上，那失敗率比較高，就像背稿的演講或面試，評審的眼睛很容易成為一種干擾；如果是以「內化」的方式，將內容和流程內化在腦海中，那成功率會高很多，就像在和人聊天的時候，即使對到眼也不會有影響。別忘了，老師的備課是以「引導」的方向做準備，所以內化是必要的。(關於引導，可以回去複習前面的章節)

放大說話「情緒」

我們平常是怎麼感受說話者的情緒呢？

在說話表達的系統中，分為「語言」和「非語言」的部分，語言指的是「說什麼」（說話的內容），非語言則是「怎麼說」（聲音、表情、動作），而情緒的傳達靠的就是後面的「怎麼說」。

試想，如果兩位朋友跟你分享剛剛吃到的美食，一位是「我剛剛吃到一碗好吃的拉麵」，另一位是「我剛剛吃了一碗好——好吃的拉麵，超、幸、福！」前者比較像在單純敘述一件事情，後者則是強調事件與帶來的感受。把兩種說話模式同時放在台上，前者就會像是在念經，後者則是一場動人的分享。

多數人在準備說話時，都在思考要「說什麼」，卻嚴重忽略「怎麼說」的部分，往往導致聽者的反應不如預期，結果讓人沮喪。而怎麼說的練習，是說話訓練裡的「硬功夫」，可以分為以下幾點來練習：

・音量

讓人「清楚聽見」自己在說什麼，這看似是最基本的重點，卻是最多人忽略的部分。平常聊天的時候，有的人就需要讓人努力前傾身體、推動耳背才能聽見，更何況是上課了。

上課時，老師通常都站在教室的最前面，聲音就會像個半圓形的漣漪向前擴散，越到外圍聲音的力道就越弱，也就越難抓住孩子的注意力。所以在說話時，音量要以「教室最外圍」為標準，讓距離最遠的孩子都能夠清楚聽到。

不過，音量不是越大越好，而是隨著內容也要有「強弱」的變化，讓情緒的傳達更為鮮明。其中最弱的部分，也必須要高於前面提到「最外圍也能清楚聽到」的最低標準。同時，別忘了配合走動，讓音源的位置也可以有靈活的變化。

有的老師會自詡自己嗓門大，所以從來不用麥克風。這種「內建音箱」的人體模式是有可能的，卻不是人人都做得到，若教室人數較多（一般來說超過十個人，因人而異），建議還是使用麥克風，即便自己嗓門夠大，也可以省點力氣，讓聲帶陪著我們走得更長遠。

若真的不想用麥克風，那就更要練習提升自己的「音質」，也就是所謂「用丹田發聲」，越飽滿的音質，通常就越具備穿透力，讓聲音直達耳畔、傳進心裡。

•音調

指的是聲音「高低起伏」的變化，這可是中文「表情達意」的關鍵。

所謂「表情」，就是音調會隨著內容情緒產生高低的變化：情緒高亢時試著把聲音拉高，嚴肅悲傷時把整體音調下降，綜合起來就能產生較大的情緒張力。「達意」是針對中文的特性，中文是「聲調語言」，會因為聲調的高低傳遞不同的語意（媽麻馬罵），當我們把音調的變化做得更明顯，語意的傳達也會更清晰。

練習聲調時，剛開始肯定會不太習慣，可能會有變身成「Google小姐」的錯覺，別擔心，這是正常的，只要漸漸內化成習慣的模式，最後肯定能夠自然說話的。

•節奏

常聽到有人描述「說話的節奏太快或太慢」，其實說得並不是節奏，而是「語速」，語速才有快慢之分，而節奏只有「好壞」的差別。

在聽者能跟得上的範圍內，語速也是需要根據內容做變化的。在並非重點或是情緒較為平淡時，通常可以將語速加快一點；而在情緒較高、重點強調時，就要將語速放慢，讓聽者更能夠接收咀嚼，某些時候甚至製造停頓留白，給讀者思考的時間。

而這快與慢之間的變化拿捏，就是「節奏」了。總是太快的語速會讓人精神耗弱，總是太慢的語速也會將聽眾普渡升天，在該快的時候快、該慢的時候慢，就能產生優質的說話節奏。就像看電影，節奏不好的電影，看個三分鐘就令人崩潰；節奏好的電影，即便看了三小時也依然全神貫注。

順道提醒，在練習語速的時候，別忘了同時注意「咬字」的清晰度，避免過度的「連音」（把「然後」說成「拿嘔」、把「這樣」說成「降」），讓舌頭嘴唇和牙齒都能夠靈活地配合速度變化，傳達最清楚的聲音。

•綜合運用

以上三者「音量（音質）、音調、節奏（語速）雖然是分開練習，但在使用時肯定是綜合運用的。

當我要在全班面前肯定孩子扶老太太過馬路的行為時，會把音量放大，叫一聲：「小傑！」稍微停頓後，用較快的語速配合高音調：「聽說你今天在校門口……」最後把語速放慢，用較低的音調但宏亮的聲音說：「你太——棒了！」然後請全班給他掌聲。

這樣的變化不只因內容而異，也會因人而異。可以確定的是，將三者靈活綜合運用，就能產生所謂的「聲音表情」，讓聽者能夠「聽見情緒」，若還能配合臉部表情和肢體動作的變化，那對於教學品質的提升肯定會有更大的幫助。

同時也別忘了，聲音的練習，要建立在前面的「真誠」之上，否則空有聲音技巧，也是枉然。

培養「幽默」特質

任何人只要具備了更高的幽默感，人緣和受歡迎的程度都會大大提升；而當幽默感發生在老師身上，不但會讓課堂變得更加活潑，也能讓老師更受學生的歡迎。好消息是，幽默感是可以透過練習來培養的。

為了讓孩子也能夠具備幽默感，我規劃了一系列的「幽默主題課程」，在此直接分享三位孩子在課堂上整理的幽默攻略，帶大家一起來練習：

• 什麼是幽默

「解釋笑話就像解剖一隻青蛙，當你解釋完，青蛙也就死了！」這是一句常常聽到的話。但它沒提到的是，當你解剖了很多隻青蛙後，就能自己創造出自己的青蛙，不，是笑話。

幽默就是在對的場合、對的氣氛、對的情況下，對著其他人拋出意料之外的想法。你可以自嘲，也能適度地調侃身邊的熟人；你可以用誇張的方式表達，也能淡定地讓大家愣一下後，噗哧一笑。也許你不一定會得到眾人轟轟烈烈的大笑，但只要看到他們上揚的嘴角，你就知道自己成功了。

——文／方唯蘋

・邁向幽默五部曲

第一，不怕尷尬：在嘗試的時候一定會不小心成為尷尬的源頭，但不要緊，説句「拍謝啦！」「可惡笑點只有我懂嗎？」笑笑帶過就好。注意！不能沉默，不然會尬到冰點喔！

第二，強化反應：不是每個人都浮誇系啦！只是反應中帶點「情緒」，讓人感覺沒有被句點，可以順著接下去。

第三，生活細節：找出「意料之外」的有趣小事，那些常常被忽略卻存在於生活中的小細節（像是吃布丁的方法？）不一定是笑點，但能引起大家的共鳴！

第四，鋪陳畫面：在説正題前，先引起好奇心（例如：你知道今天超誇張的嗎？），敘述的時候讓對方產生畫面，更有真實感！

第五，自嘲和受嘲：讓自己「開得起玩笑」（但不是過度自貶），藉此拉近與人的距離，釋出「好相處」的訊息！被開玩笑時也不要生氣或尷尬，可以順勢接話，甚至開玩笑反擊。

──文／姜欣蕙

・幽默的生活態度

每個人都渴望變成幽默的人，只要夠幽默就能聊遍天下。

我想，簡單來說，幽默就是五力的運用罷了。從生活中一個微不足道的細節開始，拋出讓人意料之外的話，再加上點鋪陳與畫面調味，必要時搭上自嘲的點綴，我只能說這樣色香味俱全的幽默大餐沒有人能抵擋得了。

或許我們還不足以端出這一道道的幽默大餐，但試著從微小的地方開始做起吧！讓自己變成一個有趣的人，在生活中摸、滾、打、爬，自學著一切，等到哪天我們終會發現——我們早已是一朵豔陽下盛放的花朵，而蝴蝶也終會到來。

——文／廖毓云

・困難而重要的「自嘲練習」

看完孩子們的「幽默攻略」，要特別強調其中對多數老師來說，最困難卻也是最重要的練習——「自嘲」。

自嘲是幽默的重要元素，甚至可以作為練習的第一個步驟。但對於「自尊心」強的人來說，自嘲就更加困難，而自尊心越強的人，通常就越難相處，內心也越加脆弱，若是再加上老師的身分，要自嘲就難上加難了。

所謂自嘲，並非刻意貶低自己，也不是在傷口上灑鹽，而是坦然地面對自己的某些平凡或不足，或是用自身的特質開個玩笑（就像已經當媽的品師總說自己十八歲、燃燒髮絲的亮師自稱孩子生命中的燈塔），如此不但拉近了人與人的距離，也拉近了自己與內心的距離。共勉之！

沒有高低，不分年齡，
敞開心胸真誠對話，
會發現原來我們都一樣。

三、用「提問變化」激發孩子思考

—— 最吊人胃口的引導技巧

課堂中最常見的引導方式是什麼呢？為什麼是提問呢？多問對孩子真的有幫助嗎？問了卻沒人回答怎麼辦？我現在問了一堆問題有意義嗎？再問下去你還願意繼續看嗎？

一連串的問題，肯定讓人暈頭轉向了。確實，無論在演講還是教學，提問都是相當常見的技巧，但很可惜，其中的大部分都是屬於「無效提問」，最常見的無效提問有兩種：「過場式」和「自殺式」，另外還有一種效果有限的「綜藝式」。

三種常見的無效提問

●「過場式」提問

顧名思義，這種提問純粹就帶過流程用的，毫無實質意義。

最常見的情況，就是老師在教完一個階段之後，就會順勢問全班「這樣懂了嗎?」已經習慣這種提問的孩子，也會在不經思考的情況下順勢回應「懂了」。老師既不是真的想問，孩子也只是下意識回答。真要說意義，就是讓孩子開開口提振一下精神罷了。(但一定也有許多沒開口的孩子)

過場式提問為何如此常見?基本上就是讓老師問心安的——教完一個階段，確認孩子們都懂了，就可以告一段落，但其實沒聽懂的孩子，通常也不太敢在這種情況下公開表態;更令人擔心的是，若老師真的以為孩子懂了，那可就誤會大了。若是要確認孩子是否聽懂，還有一百種更有效的方式:隨機點人、課堂抽考、小組共學，無論哪一種都比過場式提問更有實質效應。

●「自殺式」提問

曾聽過一位校長在來賓演講完之後，上台問全場：「剛才的演講精不精采？」結果台下傳來頗為大聲的「還好——」，搞得來賓一陣尷尬，校長也面色鐵青。若撇除孩子刻意搗蛋的情況，那就是這位校長給孩子「實話實說」的機會了。而這種類型的提問，在教學現場很常見。

午休起床問：「大家有沒有睡飽啊？」看完影片問：「不覺得很感人嗎？」說故事前問：「想不想聽呀？」我把這些提問統稱為「自殺式提問」，問題的關鍵在於「預設所有人都認同自己的想法」（或是「預設大家都會順著自己的話回答」），一旦有人回答相反意見，內容很容易就進行不下去了，甚至還聽過有老師當場斥責孩子的不認同，但孩子卻委屈地認為自己只是實話實說。

其實，這種提問跟前面的「過場式提問」很類似，並不是真的想問孩子什麼，只是要做個開場或銜接。不但沒有太多實質效益，同時也把自己推到了懸崖邊緣，一不小心就會墜入萬劫不復的深淵，除非很有把握，不然實在沒有必要。

•「綜藝式」提問

除了以上兩種常見的無效提問，再補充一個「效果有限」而且很常見的提問方式——搶答，我把這類型稱之為「綜藝式」的提問。

常見的畫面，就是老師會抛一個問題（通常還會搭配很有吸引力的獎勵），一群孩子便會瘋狂舉手，有的還會不斷晃動自己高舉的拳頭，這時老師會說「等等，全部放下！等我數一二三再舉手，一……三！」

會稱之為「綜藝式」，就是因為這樣的模式會有綜藝節目般的效果，但除了瞬間炒熱班級氣氛之外，對於孩子的學習思考機會沒有幫助，甚至還有反效果。

第一，無法思考。從提問到舉手之間的時間極短，孩子幾乎沒有時間可以好好思考，考驗的其實是孩子的反應能力和舉手的速度，在年紀比較小的班級甚至會出現「點到了才開始想答案」的狀況，因為孩子當下最在意的是「爭取答題機會以換取獎勵」，而非專注地思考老師的問題。

第二，氣氛下降。潮水來得快去得也快，當老師接著說「好！小明你來回答。」

沒被點到的孩子們就會同時發出「喔——」的一聲，氣氛瞬間降到谷底。如果小明答錯了，大夥兒又瞬間神采奕奕地把手舉得老高；如果小明答對了，全班又會沮喪地再「喔——」一次。（發現另一個問題了嗎？沒有人讚賞答對的小明耶！）

第三，忽略重點。幾乎沒有例外，所有這樣的搶答畫面，中間都穿插一些（甚至超過半數）並未舉起的手，而這些手的主人很可能才是班上比較需要被關注的重點對象（有的是不會，有的是不想參與，也有的是不敢表達），卻都被老師忽略了。因為他們都被淹沒在高舉的「手海」下，以及「我！我！我！」的音浪中。

第四，失去主導權。誰來回答是由孩子的意願與手速來決定，舉最快的同學不見得是最適合回答的對象，誰有最好的答案也和手速無關，但為了符合遊戲規則、公平起見，也只好點那隻最快舉起的手，而不是最適合的同學（老師甚至也沒時間思考誰最適合回答）。

換句話說，若目的是為了炒熱氣氛，那麼搶答肯定是個不錯的選項（但背後用來激勵回答的獎勵又是另一個思考重點）；若目的是要孩子深度思考，並建立穩定的互動節奏，那麼實在沒有搶答的必要。

三種實用的提問模式

看完以上的問題之後，可以思考看看如何做出「有效提問」？以下分享幾個重點：首先，要先了解提問有多少種形式。以「問與答」的關係來區分，大致可分為三種：

- **我問你答**：在老師提出問題後由學生回答。比如和高中生聊到張愛玲的作品時，我們問孩子：「什麼是愛情？要怎麼知道自己愛上一個人？」目的在於製造課堂互動，並給予孩子思考空間與表達機會，類似修辭「設問法」裡的「懸問」。一般說的提問，通常指的就是這個類型。
- **自問自答**：在老師提出問題後自行給出答案，比如：「如何知道自己愛上一個人？」停頓一秒後接著說，「當你不自覺一直想著對方，嘴角會勾起一抹微笑的時候。」目的是先透過問題「吊胃口」，引起聽眾的好奇心之後再說出重點內容，類似設問修辭裡的「提問」。
- **問而不答**：在說話的過程中加入疑問語氣，但實際上是肯定句，比如：「當你不自覺想著他且感到幸福，這不就是愛情了嗎？」目的是透過疑問的語氣來強化表述的力道，類似設問修辭裡的「激問」。

第一種提問模式，會在課堂上產生實質上的語言互動，我把它稱為「顯性互動」；後兩種雖然沒有實際上的問答產生，但在內心或意念上已經產生了交流與共鳴，也能觸發思考、引起注意力，我把這稱為「隱性互動」。

以上三種必須在課堂上視課程內容、目的靈活運用，避免過於集中。若頻繁使用「我問你答」，所有問題如果都要學生回答，不但會拖慢課堂節奏，還會造成互動疲乏；而過度使用「自問自答」則會讓內容過於冗長，也會讓聽眾失去耐心；太多的「問而不答」會造成情緒疲乏，還會讓聽眾真的「滿腦子問號」。當然，完全不問更可怕，長時間單方面的講述，是所有學生的夢魘。

如何透過「有效提問」讓孩子回答

先撇開搶答的情況，在教學現場，太多老師拋出問題後台下一片靜默，彷彿投石入海，毫無波瀾。時間久了、次數多了，老師就會漸漸失去提問的動力，切換成單方面講述的模式。

除了抱怨現在的老師不好當、孩子不好教之外，可以靜下來想想，孩子不回答的原因到底是什麼。一般來說，離不開這「三不」——「不敢、不想、不會」。多數人以為把孩子教會之後，就能得到一個熱烈回答的班級，而會造成教室一片靜默的原因，通常都是「不敢」和「不想」；當孩子想答又敢答的時候，就算對回答內容沒有把握，也依然能夠產生熱烈的互動。

換句話說，除了給孩子互動的「能力」之外，「動力」以及「安全感」更是不可或缺的關鍵。我們可以分別在提問的前、中、後，試著做些不一樣的事情。

• 提問前的氣氛鋪陳

新竹高中的國文老師，也是我的父親、我教育之路的啟蒙者——彭元岐老師，曾說過：「好的提問不只能讓人思考，還得讓人想要回答。」

想像一個畫面，你坐在台下，老師一站上台劈頭就問：「誰可以告訴我，什麼是愛情？」這種突如其來的問題常常會讓台下一頭霧水、不知所措。而這正是許多老師忽略的事情：提問前的鋪陳不足，甚至沒有鋪陳。試著在提問前，給予足夠的回答「動力」和「方向」，讓人「願意回答」甚至「好想回答」。

比如先鋪陳一個情境：「當年，我還是個十六歲的少女，在一次出國旅行的時候被一個相處三天的男孩子告白，他說他愛上了我。人有可能三天就愛上一個人嗎？這有可能是愛情嗎？」當故事來自眼前的老師身上，問題就會更貼近孩子，情境的營造也會讓聽眾進入相同的思緒，如此就更有機會讓答案在聽者的腦中成形，然後脫口而出。

又或者，在提問前給予更多的線索，比如詢問孩子：「我剛上國中的孩子最近開始跟我討論談戀愛的事情，讓我這個老人家有點不知所措。可以告訴我，你們這個世代是怎麼交男女朋友的嗎？」如此可以讓聽者更清楚提問的目的，避免產生「問這個要做什麼」的疑惑，在內心建立足夠的安全感，也能夠提升回答的意願。

在以上兩個情境中，還隱藏著一個深層的意涵，有看出來嗎？

第一個情境中，老師分享了自己年輕的故事，第二個情境則是老師向孩子們求助，兩者除了發揮五力中的「連結力」，連結了個人與生活，同時也拉進了師生間的距離，建立了更近一步的信任關係，也就是前面「主動分享」的效果。而連結力越強、信任感愈高，提問互動的難度自然也就愈低囉。

• 提問中的層次變化

提問主題可以依照「內容」和「形式」區分成不同的層次。

以內容來說，越是「字面上」的意思層次就越淺，越是「字裡行間的意義」層次就越深。比如「小紅帽穿的衣服是什麼顏色？」這絕對是淺層的提問（好像太淺了），而「作者為何要選擇紅色作為小紅帽的主題意象？」這提問肯定就深多了。

以形式而言，越是「封閉」的層次越淺，越是「開放」的層次越深。常見的形式包含「是非、選擇、填空、簡答、申論」，一般而言越後面的越開放，層次也就越深。比如「大野狼吃掉的是奶奶還是奶酪？」跟「大野狼吃掉的是誰？」兩者相比，前者提供選項作為線索，降低了回答的難度，而後者的填空就只能完全靠記憶。

在提問的過程中，我們需要按照教學目的和孩子的程度設定提問層次，並依照聽者的反應進行即時調整層次，才能產生最優質的互動，讓提問發揮最好的效果。

當孩子答不出「什麼是視覺摹寫」時，我們會改問「那什麼是視覺？」先把問題聚焦對孩子來說比較容易理解的概念；若孩子還是答不出來，判斷可能孩子不理解「視」這個字的概念，於是可以追問「開學做的視力測驗，測試的是什麼呢？」以貼近孩子生活經驗的內容來降低提問層次，當孩子答出「視就是看」的概念時，再進一步追問「視覺指的就是什麼感覺？」孩子便有機會答出「看出去的感覺」，之後再進一步針對「摹寫」的概念進行提問。

當孩子答不出「什麼是孤獨」的時候，我們會追問「孤獨和寂寞差在哪裡？」透過提供比較資訊來降低層次，或是改問「跨年的時候一個人過、和一群人一起跨年卻插不上話，哪一個更像孤獨？」提供兩個選項，把開放式的問題改為較封閉的形式來降低層次，當孩子做了選擇之後，可以再追問「為什麼」把層次拉高。

在提問過程中不斷地調整層次，便能找到最適合引導孩子思考的角度，不但能讓互動更熱烈，也能讓孩子的腦袋靈活運作，可說是提問是否成功的關鍵。

•提問後的即時回應

若把提問當作「拋球」，那麼回應孩子的回答就是「接球」，接球的學問絕不亞於拋球，多數人都知道，只是不見得會注意到這件事的重要性，甚至常常出現「只拋不接」的情況。

比如當學生回應符合預期時，老師常常是「對，所以說……」很快就把焦點帶回自己的教學內容；而當回答跟老師預設不同時，老師常常會用「嗯……還有其他人知道嗎？」或是斬釘截鐵地說「不對！」然後把視線移開等待更多答案；更糟糕的還有像是「為什麼答錯！你剛剛有在聽課嗎？」這樣直接打擊孩子的回應。

以上的回應，都是很可惜的。只要孩子是用心回應（若孩子惡意亂答，那問題就不在提問的本身，而是班級經營的問題），無論答案是什麼，都值得給予正向的回應。有的孩子可能是好不容易才鼓起勇氣、有的是經過一番深思熟慮、有的離正確答案其實很接近，老師的正向回應，對於課堂互動會有很大的幫助。

當孩子答案正確時，我們會把眼神多停在他身上一秒說：「很好，這答案太棒了！」孩子給予意料之外的答案時，我們會說：「很有意思！你是怎麼想的？」當孩子答案很接近的時候，我們會說：「幾乎就要答出來了，再試試！」當孩子顫抖地舉起手時，我們會說：「你做了很好的嘗試，這很重要！」

如此不但給予互動更多的可能，讓創意更有空間發揮，同時也建立了孩子內心的安全感，讓孩子感受到「我的回應是會被重視的」，漸漸在班上拉高孩子所扮演的角色，打造更靈活的對話風氣，也訓練了孩子表達內心的勇氣。

提問的價值

曾有老師問我：「聽起來有提問的課堂很好，但不提問就不行嗎？非得靠提問課程才能進行嗎？」在回答之前，先來思考一個更重要的問題——到底為什麼要提問？提問的意義是什麼？一起來歸納整理提問的實際價值：

•製造互動

互動肯定是教學中之必要。越流暢的互動，課程就會越活絡；越深度的互動，就越能以對話的模式觸及內心深處。但要記得，不是問了就會有回應，好的問題還得讓人想答，也才能真正製造互動的可能。

•觸發思考

相較於直接說出內容，先拋出問題，激起好奇心與思考的開關，也才真正開啟學習的大門。好的「教」必須要激發孩子的「學」，而提問絕對是必備工具。

・即時檢視

相較於事後的測驗，當下的即時提問，不但能透過孩子的回答立即檢視學習狀況，也能夠確認孩子的專注程度。發現有人沒聽懂，就可以立刻調整策略；恍神的人突然被點到，估計飛散的魂魄也都元神歸位了。

・建立信心

拋出問題的同時，等於搭建了一個臨時的舞台，邀請孩子上台展現。透過提問層次的設定與即時調整，讓每個孩子都有機會在這個舞台上展現自己，得到被看見與肯定的機會，也在這樣的過程中，累積學習的成就與自信。

提問與分享的相輔相成

回到前面那位老師問的問題：提問是必要的嗎？看完以上的價值，便能夠理解這絕對是必要的！不只是提問，主動分享也是，老師唯有進入「主動分享」的狀態，才能夠同時把正向的情緒在教學過程中一併交給孩子。除了傳遞了知識，也傳遞了對世界的好奇和生命的熱忱，讓孩子能夠對該領域留下正面的印象，有利於後續的學習延續。

如果把「師、生」和「分享、提問」四個向度一起考量：老師經過分享再提問，會讓問題更有吸引力；經過提問再分享，會提升孩子的注意力。好的提問，可以帶動孩子分享；好的分享，亦可以觸發孩子提問。甚至讓孩子主動提問，讓老師來分享；或是邀請孩子分享，然後由老師來提問，這些都是很精采的課堂策略與互動。

而相較於方法與策略，我更喜歡把分享和提問當作「開啟對話的關鍵鑰匙」，不管什麼樣的科目或領域，只要在課堂中產生真誠且流暢的對話，對於班級氣氛和孩子的學習效益，肯定都有巨大的幫助。

學會問的老師，才能帶孩子做學問；
要做學問的孩子，得先學會怎麼問。

第肆章・重點提醒

- 用預評掌握孩子的情緒，就更能夠掌握課程活動的進度和秩序。試著有意識地「發揮同理心、提升敏銳度、累積經驗值」，就能逐漸掌握預評的準度，貼著孩子的心。
- 透過真誠且主動分享的心態與技巧，便有機會「用故事換故事、用真心換真心」，這不只是引起孩子內心共鳴的重要方式，更是拉近師生距離的美好途徑。
- 孩子不回答老師的原因，通常可分為「不想、不敢、不會」三種可能。除了找出原因、對症下藥之外，透過有效的分享搭配提問，就有機會能夠觸發孩子思考、提升班級互動、檢視學習狀況、提升個人信心。
- 師生之間的分享和提問交互運用，是開啟對話的鑰匙，對於教學現場的知識傳遞與班級氣氛有很大的幫助，靈活運用很重要！

·第伍章·

如何建立優質的「親師生三環關係」

——打造合作共生的學習生態

在教育理論中，親師生關係被視為重要的「鐵三角」，那麼在大多數的現場實際情況是什麼呢？

請試著在心中回答以下問題：

- 你是一位家長，拿起手機看到孩子的老師打來，心中的直覺是？
- 你是一位老師，拿起手機看到家長的未接來電，腦海中浮現的想法是？
- 你是一位孩子，聽到父母親正準備要跟老師講電話，內心的感受是？

無論什麼場合的演講，聽眾的反應通常都是「闖禍了嗎？出了什麼事？」「有什麼問題？要找碴嗎？」「我怎麼了？感覺大事不妙！」發現了嗎？不論什麼角色，對於以上問題的反應通常都是偏負面的，換句話說，所謂親師生的三環關係，在多數的現場是充滿不信任感的。

沒有好的三環關係，不但許多教學活動無法順利進行，教育的力量難以延伸內化，而三環中最關鍵的交集角色——孩子，往往會承受更大量的消極感受與負面情緒，時間久了，許多問題就會逐漸產生。輕則叛逆、重則拒學，甚至還可能逐漸累積成情感性疾病，不得不注意。

親師生關係就跟所有的關係一樣，除了角色本身的特質與魅力之外，要讓關係發展良好，都是需要「刻意經營」的。

一、建立良好的「師生關係」——教學相長從來不只是說說

很多人都曾因為不喜歡某位老師，所以對他教授的課程科目興趣缺缺，甚至直接影響成績表現；也曾因為喜歡某位老師，因而喜歡上他的課，對課程領域也因此有了高度興趣。

師生關係不只會影響孩子的學習狀況，更對心理狀況有著更直接的影響。當孩子內心有掙扎無法自己消化，在同儕中得不到解決，對父母又說不出口的時候，好的師生關係，便有機會為孩子打開另一扇窗。

以下，探討幾個建立良好師生關係的重要思維和行動。

亦師亦友？

每個孩子都希望遇到也可以當朋友的老師，也就是常聽到的「亦師亦友」，但這句話卻成了很多年輕老師的夢魘，甚至衍伸出另一種極端。

因為年齡與孩子差距較小，加上想打破過去傳統的師生關係，有的年輕老師會以「朋友模式」和孩子建立關係，像是營隊的大哥哥那樣。剛開始會感受到相處的愉快以及拉近距離的成就感，時間拉長以後就容易產生問題，比如在班級經營的混亂、秩序建立的困難、教學活動的窒礙。

好多年前，曾看過一位男老師和班上的幾個男孩感情特別好，平常相處完全就是稱兄道弟的模式。在一次吵鬧的課堂，老師嚴肅地要求大家認真上課，幾個男孩在台下起鬨：「O哥，不用那麼認真啦！」「對啊！等等下課一起打球消消火。」結果老師勃然大怒：「你們幾個！我平常對你們好就給我隨便啊！搞什麼？」幾個男孩癟癟嘴沒有再回話，但接下來的課程都漫不經心，就連下課後也不跟老師互動，師生關係自此決裂，老師為此鬱鬱寡歡了好一陣子，男孩們其實也不太開心，但持續表現出一副不在乎的樣子。

不是每個把孩子當朋友的老師都會遇到這種情況，但看完這個例子，肯定就會聽見另一種聲音：老師就是老師，不會是朋友；一旦成了朋友，就會失了老師的權威和尊嚴，無法管教孩子了。

她是一位擁有十年教學經驗的老師，今年接了一個全新的班級。上課第一天，老師就先板起臉給全班一個下馬威：「我把醜話先說在前頭，你們給我聽清楚！我們班不准出現……」班上同學全愣住了，對老師的厭惡感油然而生。課後，老師還告誡觀課的實習老師：「對學生就是要兇！不能對他們太好，不然他們早晚會爬到你頭上，到時候想管也管不動了。」更耐人尋味的是，這位以嚴格出名的老師是許多父母親心目中的首選，想要進到她班上的人不盡其數；但每年的校慶活動，卻從來不會有孩子回來看她，不過對這位老師來說，似乎也不是什麼大不了的事。

要當什麼樣的老師，跟孩子建立什麼樣的關係，其實沒有標準答案，也是個人選擇。但如果可以當一個「能夠幫助孩子進步且關係良好、值得信任的老師」，何樂而不為？

上面舉的兩個故事或許有些極端，但其中的共同關鍵並非在距離遠近，而是在於「角色設定」。同樣的兩個人，會因為角色不同而需要不同的互動，若角色轉變了，互動也需要跟著調整（比如在我高中擔任隔壁班班導的爸爸，都要求我在學校要叫他老師）。而「老師」就是一種角色，一個能夠給予孩子學習引導、潛力激發的角色。這樣的角色並不同於朋友（就像我們可以陪孩子談心談夢想，但不會陪他去逛街買襪子），只是當老師得到了孩子的尊重與信任，並且建立良好且真誠的互動模式之後，發展到後來可以「很像朋友」，至於孩子長大後會不會變成朋友，那又是下一個故事了。

最後我想說的是，亦師亦友很好，但得「先師後友」—— 建立好老師的角色定位，然後以更自然而真實的方式與孩子互動相處，成為孩子心靈深處的陪伴與力量。

默契建立

前面提到任何一段關係都是需要刻意經營的，而「默契」便是其中一個重點經營項目。

有人說「時間久了自然就會有默契」，事實卻並非如此。大家不妨回想自己過去與人交往的經驗，想想那些和自己認識多年的人是否都很有默契？或是倒過來想想跟自己很有默契的人是否都是因為認識很久？相信很快就會發現，默契大都是在「刻意且用心的相處中」建立起來的，而師生間的默契也是如此。

我在課堂上常常會用到簡報，在播放影片的時候需要把燈關掉以提升視覺效果，而燈的開關通常都在教室側面的牆上，請同學協助是最有效率的。但有時候我一堂課會用到好幾部短片，每次都要說「OO幫我關燈」便顯得多餘又雜沓。於是我會刻意這麼做：

第一次，我會很誠懇地說：「小偉，我要放影片，麻煩幫我關個燈。」燈熄滅後再補上一句「謝啦！」

第二次，當簡報出現影片畫面時，我會喊一聲「小偉！」然後用手比個關燈的手勢，燈熄滅後依然加上一句「感謝你！」

第三次，要放影片的時候，我會刻意不出聲地把視線移向小偉，待他接收到我眼神裡的訊息把燈關掉後，我會熱情地說：「水喔小偉！有默契喔！」

通常過了三次之後，當我需要播放影片，連眼神示意都不用，小偉就會自動幫我把燈關掉了，而我還是會挑個眉或揮個手表示感謝，讓這份默契得以被珍惜。更有趣的是，由於我的教室通常不會固定座位，坐在電燈開關旁的人也不會固定，換人後需要關燈時，也用不著把前面的步驟重來一次，因為小偉會喊：「心頤！幫老師關燈，要放影片了。」燈被關上之後我依然會對心頤表示感謝，也很快能夠建立默契。而我班級現在的情況，是任何一個人都可以在沒有指令的情況下自動協助關燈，就算一時恍神，也會得到全班的提醒，那畫面很有意思。

關燈只是一件很小很小的動作，但這份默契可以被延伸到任何其他的互動。而在教室裡的一天，充滿著各式各樣的互動可能，從課堂發言到收發作業、從教學活動到班級常規，在在都可以運用這樣的模式。除了讓互動更流暢，更讓孩子「有意識」地知道到什麼時候該做什麼，而老師要在做到前給予引導和肯定，做到後給予回饋和鼓勵，讓孩子的行為表現更主動、師生互動更有默契。

扣回本書的主題，比起制定一個「坐在燈旁的同學必須協助關燈」的班規，或是選一個「放影片關燈長」，用默契這種內化的力量來進行，是不是好多了呢？

是在罵還是在教？

在教學現場，常常聽到老師對孩子這樣的喝斥：

「你腦袋是放在冰箱嗎？這麼簡單的事怎麼都記不得？」

「我最後一次警告喔！你再犯一次給我試試看！看看我會怎麼樣？」

「給我閉嘴！吵夠了沒有？非得把我惹怒才甘願是不是？」

由於師生間本來就隱藏著身份、權利、年齡的高低差，這些看起來讓人怵目驚心的句子，是許多校園生活中的日常。我甚至曾聽過一位老師很得意地說：「你不要看我這樣，我兇起來很兇喔！」這句看似半開玩笑的話，背後的認知更令人擔心。

罵人，是一件不得已的事，是在沒有更好的辦法之下所出現的氣勢脅迫甚至語言暴力，偶一為之都需要深刻自省，怎能以此為傲？

若罵人已成了常態，表示班級經營或情緒管理出了問題，更需要找出根源並對症下藥才是。老師不是聖人，在教育路上一定會有情緒，而情緒出現的時候如何調適管理，絕對影響教育的品質，也決定了身教的優劣。有人認為「罵也是教的一種」，那就得看「怎麼罵」，前面舉的三個句子，便毫無實質教育意義，只是單純地在宣洩情緒，不但會破壞師生關係，更給了孩子最差的身教示範。

「十罵九後悔」，在情緒當下所吐出的言語往往不受控制，而身為教育者的我們需要更好的情商。只是很多時候，連我們自己都搞不清楚是在教人還是在罵人。電影《小孩不笨》裡有一個橋段：弟弟考差了，爸媽又急又氣地教訓起弟弟，兩人越講越激動，這時奶奶從樓梯上走下來好言相勸，爸爸不耐煩地對奶奶說：「媽！我們在教小孩，你可以不要插手嗎？」這時，奶奶回了一句經典：「教他？你們哪有在教他？你們是在罵他捏！」

看這部電影已是十多年前的事，但這句台詞就這麼深深地烙在我腦海裡，電影中的父母親肯定是出自好意、求好心切，只是情緒一來把罵和教混在一起，甚至變得只是在罵人而不自知，直到老人家提醒才覺察到自己的狀態。而我們需要的，正是影片中那「覺察」的部分。

若覺察到了卻不知道可以怎麼做，或許可以先試著坦承情緒，然後給自己一點思考的時間，比如「孩子們，我現在很生氣，需要一點時間調適一下。」或是「我感到非常錯愕，讓我想一下要怎麼說。」讓孩子知道老師有情緒，並學習面對與思考這樣的情況，也可以是一種學習。而老師不是不能有情緒，只是如何在情緒之中依然能夠做出教育者的行為與決定，是一項很重要的課題。

分享亮語共同創辦人小品老師所寫的一段經歷，情緒管理對於師生關係的重要性在文中不言而喻：

面對鬧哄哄的、亂糟糟的班級，我曾經氣得火冒三丈，用叫罵聲整頓秩序：「吵什麼吵！全部都給我閉嘴！」面對不交作業、態度散漫的孩子，我曾經訂出一個又一個的規則，制定各種處罰：「遲交，罰寫；不認真，扣分。」面對打架、作弊、口出惡言的學生，我曾經氣得直發抖，搬出道理訓誡一番：「現在不好好努力、認真讀書，以後怎麼辦？你以為這個社會很好混嗎？」

曾經，我以為這樣的「管教」都是為了學生好、是用心良苦、是在「教育」孩子；然而，經過了一年又一年的教學生活，我不但沒有看見孩子們太多的改變，反而還得更費神、費力地管教，不禁感嘆——現在的孩子真難教！

直到那天，四年級的小宇被媽媽抓進教室，「你自己跟老師說！」媽媽手臂交叉，氣呼呼地對小宇說。

「怎麼了嗎？」我看了看小宇，向媽媽點頭示意，心裡抱怨著：「怎麼又是這小鬼？」只見小宇一臉恐懼，欲言又止，於是我牽著他走到角落，拉開椅子坐下，「你要跟我說什麼呢？」小宇的眼睛飄來飄去，緊張地搓揉著兩隻手。我嘆了口氣，心想：「這孩子不肯說話也不是辦法，我還想下班啊……」

「我猜猜看，你怕我會生氣，是嗎？」小宇點點頭。看他鬆懈了下來，我趕緊摸摸他的頭，輕聲說：「看來，你已經知道自己做錯了，有在反省，不錯喔！」

小宇愣愣地看著我，「告訴我發生什麼事，好嗎？」後來，小宇吞吞吐吐地把自己做錯的事說了出來——他偷偷拿走教室的東西。

聽到「偷拿東西」，老師魂裡的一股火莫名地燒了起來，我皺起眉頭，正要開口時，突然留意到——眼前的小宇，是個好不容易鼓起勇氣承認自己錯誤的孩子啊！已經到嘴邊的道理、處罰，就這麼硬生生地吞了回去……

我聽著小宇娓娓道來的「自首」，盯著那雙不安的眼神、顫抖的嘴角，我的腦袋竟開始不停地轉著：他現在一定很害怕吧？我要讓他從這次事件中學會什麼？我該怎麼說、說什麼，要用什麼樣的口氣和態度？

「要說出自己做錯的事，很不容易吧？」小宇點點頭，「說出來，心裡有沒有好過一些？」他的嘴角微微上揚，頭點得更用力了。

「我想，你一定很喜歡那些東西吧？」

「嗯……我覺得它們很漂亮……」他的眼神閃過了一絲光芒，我接著說：「但你也知道『偷偷拿走』是不對的，是嗎？」

「嗯，不可以這樣，如果想要，應該要問老師……」他低下頭喃喃自語著，「不錯嘛！小宇知道該怎麼做，很好！那麼這三顆彈珠送給你囉！是獎勵，也是提醒你要做對的事，要好好收藏喔！」小宇不可置信地看著我，綻開的笑臉上，還掛著兩條淺淺的淚痕。

那天，我花了半個小時等待、陪伴，雖然耗時耗神，心情卻格外愉悅；原來，面對做錯事的孩子，也可以不生氣、不處罰、不破口大罵！

人難免會有情緒，當孩子犯錯時，我們當然可以生氣、可以難過、可以失望，也可以讓孩子知道我們的情緒；但是當我們的用意在「教育」時，就得更有意識地去察覺並處理自己的情緒，避免讓情緒主導脫口而出的話，更要避免讓情緒操控行為。不然，再多的「責罵」、「怒吼」，再多的「道理」、「處罰」，對孩子來說，都成了千篇一律的模式——反正，被罵一罵就沒事了；反正，處罰完就沒事了。然後，是一次又一次的循環。

彭瑜亮老師曾跟我說：「不要輕易地對孩子動怒，因為他們是孩子；你若真的生氣，就是跟孩子一般見識了。」然而，要在教學現場中實踐，一點也不容易！已經數不清有多少次在事後懊悔自己怎麼又被情緒拉著走！但似乎也在一次又一次的沉澱與反思中，我漸漸有了更柔軟、更寬闊的心；原來，真正的教育，是得把「孩子」一直放在心上的。

喚醒心中的孩子

「在長大的過程中，你也曾經受傷或徬徨嗎？」我壓低聲音緩緩說道：「請務必記得這些傷痛與無助，他會幫你接住別人接不住的孩子。」聽到這段話，台下參加研習的老師們紛紛若有所思，甚至紅了眼眶。其中一個跟媽媽一起來聽演講的孩子情緒最激動，眼淚啪嗒啪嗒往下掉，她說自己正深陷成長困境，但在老師和父母眼中似乎都顯得微不足道，如果真的有大人能夠理解自己，那就真的太好了。

在競爭力不斷增加的現代社會，我們總急著要孩子成為「成功的大人」，「用好成績換好薪水」成了最高宗旨，對此沒有幫助的一切都顯得微不足道，於是孩子的內心感受被嚴重忽略，青少年情感性疾病和自殺率的比例不斷上升。台灣的兒童青少年，12% 有任何一種焦慮症，1% 有憂鬱症。而國中生憂鬱症的比例則在 0.7%~4.8%。董氏基金會調查發現，大約 14% 的高中生，以及 20% 的大學生有明顯憂鬱情緒，但僅一成會因此求助輔導老師，四分之三的學生不願或很難跟父母說。這些孩子有更高風險出現「人際適應困難、學習成就低落、親子關係薄弱」等狀況。

即便數字擺在眼前，對於大多數的教學現場並不會產生什麼影響，在孩子真的生病前，我們都不覺得會發生在自己孩子身上。即便發生了，也不認為全然跟自己有關，我想這是為什麼孩子會如此渴望遇見一個「懂自己的大人」了。嚴格來說，在過去可以只是渴望，但在現代，孩子「需要」一位懂自己的大人，而在義務教育中一定會遇見的大人——老師，肯定就是最佳人選，只要老師能夠想起那個孩提時代的自己。

試想：「棒棒糖摔碎的三歲孩子」和「賓士車撞爛的大人」比起來，誰比較傷心？靜下心想想，就知道兩者不相上下，甚至單純的孩子更不知如面對這樣的失去，於是哭得撕心裂肺，這絕對不是一句「哭什麼？再買一根就好啦！」可以解決的。若我們的腦海中也烙著小時候棒棒糖摔碎的瞬間，便有機會蹲下來給孩子一個抱抱，甚至陪他一起哭哭。

當孩子和好朋友吵架時，我們會想起那個渴望朋友的自己，而不是「朋友再交就有了」；當孩子情竇初開時，我們會想起那個青澀的自己，而不是只有「上大學再交男女朋友」；當孩子對未來感到迷惘，我們會想起站在人生十字路口的自己，而不是「反正醫牙電資就對了」。想起曾經的自己，就有機會走進孩子的內心，就算自己沒有相同的經歷，也會因為愛與關懷能夠給予孩子足夠的同理，讓孩子知道「我很在乎你」。

《小王子》中提到，「每個大人都曾經是孩子，只是他們忘記了。」在成長過程中，我們都有過掙扎與不知所措的片刻，而在一次次的社會試煉中，我們長大了，懂得計算投資報酬率，開始嘲笑曾經不懂事的自己。我想起二行詩集《詩控餐桌》裡的一首好詩：

〈半熟蛋〉
到底是不成熟
才願流露一片真心

——林佩好　18歲

短短兩行，卻無比寫實。長大的我們必須要扛起許多責任，社會的期許和重擔讓我們學會了現實；但那個單純而勇敢的自己也是真的，是更加珍貴的，是長大過程中的重要階段與養分。當老師能夠理解這件事的重要性，能夠接住每個孩子失重的瞬間，親師關係肯定緊密而美好。

【註】〈半熟蛋〉的作者林佩妤有一本動人的著作《長大後，不想忘記的事：一不小心就變成討厭的大人了》，書中簡單迷人的文字會幫我們想起孩提的自己，找回單純的內心，推薦給各位。

我們都只是彼此生命中的插曲，
但那段美好旋律，會在腦海中不時響起。

二、建立共好的「生生關係」

——讓同學真的可以「共同學習」

我們常說「同學、同學」，到底為什麼同學叫做同學呢？我想背後的意義應該是「一同學習」。「學習」是學校存在的宗旨與本質，而「一同」更得靠老師的引導和孩子的努力，唯有讓這兩件事情共同發生，才能帶給孩子真正的成長養分和幸福密碼，其中的關鍵在於「非認知能力」，也就是「學科認知以外的能力」。

美國教育觀察家兼暢銷書作家保羅．塔夫（Paul Tough）在《幫助每個孩子成功》一書中提到：「我們要孩子用功讀書換取成就的觀念是錯誤的。數十年來我們都認為，一個孩子要成功，是靠他的學科認知能力，這也是我們普遍在乎成績高低的原因。學業成就不再是成功的唯一指標，恆毅力、自信心和正向動機才是成功的關鍵。」

其實這段話不難理解，試著想想：一個能夠「專注」的孩子更有機會把知識弄懂、內心充滿「好奇」的孩子更有機會熱愛學習；具備「同理心」的孩子更有機會受到歡迎，善於「合作」的孩子更有機會打出勝仗。這些非認知能力能夠驅動更好的認知能力，以及帶給孩子真正幸福的人生。

試著將下列的非認知能力，套入這個句子：

「我的孩子是否具備＿＿的人格特質？我的教學能否教出具備＿＿的孩子？」

- 企圖心、自信、創意、樂觀、好奇、挫折忍受力（自我發展）
- 同理心、善良、誠實、耐心、謙虛、合作能力（人我關係）

填空的句子，是我常在演講中帶著老師父母一起思考的問題，也是我常常提醒自己的指標方向；後二行的特質和分類，是由美國品格教育大師李寇納所提出。第一行跟自我發展有關的部分，可以靠老師的用心努力、課程創意協助孩子取得；而第二行跟人我關係有關的特質，必須要靠孩子之間的相處互動才有辦法磨練學習。換句話說，若沒有「同學」的存在，孩子很難具備這些重要特質。

同學，不是「有人就好」，而是要經過老師的引導和規劃，讓「一同學習」這件事真的有在教室裡發生。在第貳章有提到「老師不是保姆，而是引導者」的角色定位，以下分享幾個引導孩子建立連結、合作共學的方式。

傳說中的「閃電見面會」

「首先，我們來進行傳說中的——」我把聲音拉長，孩子們會很有默契地接下去：「閃．電．見．面．會！」這幾乎是亮語所有課程、活動、演講的必備風景，也是我跟孩子們的默契。所謂閃電見面會，就是讓孩子或聽眾進行一對一、多回合、不同對象的短暫聊天，視情況安排調整不同的聊天主題和回合數。

這個活動首見於我十年前舉辦的說話營，當時設計這個活動的目的是為了讓孩子練習聊天，透過「限時」的方式降低尷尬的機會，以及「換人」的模式體驗因人而異的感受，沒想到不但達到了預期的效果，還有更多意料之外的驚喜：大家因為「被迫聊天」而跨出了陌生的界線、因為「不斷換人」而快速接觸到團體裡的多數人、因為「反覆嘗試」逐漸找到與人互動的節奏，於是我將這個活動保留下來並不斷進化，成為現在亮語所有課程的經典橋段。

我非常推薦這個小活動，十年來也四處推廣，成為許多老師和講者的一大利器。但剛開始要在班上進行這個活動，需要一些時間和耐心，因為主動與人聊天互動在華人社會風氣裡並不流行，加上教育制度也並未將此視為重點，所以部分孩子們會進入「不敢說、不知道要說什麼」的狀態。

這時，前面章節提到的「預評技巧」以及「安全感建立」就可以發揮作用──在活動進行前，先讓孩子知道可能會發生的事情和遇到的困難，然後從自己的分享開始，加上主動同理孩子的情緒以建立安全感，讓孩子盡可能在做好準備且安心自在的情況下進行，成功率自然會提升不少。除此之外，透過「座位安排、話題調整、情境建立」等方式，也可以讓閃電見面會發揮更大的效益，以我個人現在的情況而言，幾乎所有與我初次見面、彼此互不認識的孩子或團體，也都能夠立刻聊得熱絡。

這個在課堂上大約三到五分鐘便能完成的小活動，不但能夠幫助活絡氣氛，在把孩子被動等待的狀態轉變成主動說話，還能藉此幫助孩子與孩子之間產生連結的可能。這麼棒的活動，試試看吧！

朋友VS夥伴

「**不是所有朋友都適合當夥伴，但好的夥伴到後來都會成為朋友。**」每當我提到這個觀念，不論大小朋友聽了都會點頭如搗蒜。

朋友因為有了感情羈絆，所以在合作上變得綁手綁腳、窒礙難行；夥伴因為有了共同目標，達成後更容易建立革命情感，在任務結束後成了無話不談的好朋友。這也成了我班級經營的主要方針——先幫助孩子成為彼此的好夥伴，再適時地鼓勵孩子們成為朋友，並在遇到相處上的問題時協助他們思考與解決。

「那如果要跟不喜歡的人同組合作怎麼辦？總不能勉強自己喜歡他吧！」這是孩子最常問的問題，而我給孩子的目標是「**你不用喜歡每個人，但要學會跟每種人相處**」。在人生的道路上，我們可以選擇跟喜歡的人當朋友，卻不一定能選擇合作對象，就像上學無法選擇同學、上班無法選擇同事一樣，練習跟不同的人相處，肯定是人生的一大重要課題。有趣的是，當你有辦法跟不同的人相處，就有機會喜歡上每一種人。

在班上，我會給予大量的共同合作任務，但從不以結果為目的，而是在過程中不斷協助他們，「**與其單獨成功，不如團結失敗**」，這是孩子們在合作練習中體會的信念和價值，而當孩子們真的團結在一起，就沒有真正的失敗，結果就算不如預期也差不到哪裡去，最重要的是孩子們在過程中得到的成長與智慧。

在前面的章節提到「亮點式班級經營」的一大重點「凝聚團體共識」，在這裡就扮演了舉足輕重的角色，而三大心法之一的「點線面」，更是建立向心力的重要關鍵。而孩子在持續嘗試和不同人合作、練習達成共同任務的現象，若以教育社會學的觀點，會促成「階級流動」的效果，讓不同程度與特質的孩子不斷地分開與重組，不但能避免班級過度的「小團體分裂現象」，更有機會探索出自我的價值與夥伴的意義。

朋友難免要看磁場和緣分，而夥伴可以靠觀察與練習，除了要求別人，更能夠檢視自己。我最常帶孩子檢視的方式是：「我們都想要遇見好夥伴，那你自己是不是別人的好夥伴？」孩子們聽到這裡常常都會低頭沉思、自我審視，然後重新整理努力的方向，於是亮語還有一句經典名言：「**我們總期待世界善待自己，卻忘了自己是否善待這個世界。**」練習付出從自己開始，不會錯的。

從個人到小組、大組到班級，孩子的努力不只實現了自我，更影響了別人，以此建立緊密的生生關係，大夥一起前進。

從「對話」到「討論」

有了聊天的機會和夥伴的觀念，下一步就是要執行真正的合作了。不急著執行太多實作的任務，先讓孩子從「對話練習」開始。

相較於聊天的隨心所欲，對話是更聚焦且有深度的，老師可以針對不同的年紀和領域設定主題，並按照孩子的狀態分階段，把閃電見面會的氣氛加重轉換成對話練習。比如讓高年級的孩子進行「朋友」的主題對話，切割成「好朋友跟普通朋友差在哪裡？」「人為何需要好朋友？」「怎麼樣才能夠擁有好朋友？」三個層次，依序帶領孩子進行對話。這些對話沒有標準答案，但可以讓孩子在談論中「有意識地思考」，這是合作練習中的重要起點。

當孩子有辦法進行雙人甚至多人對話之後，就可以挑戰「討論」了。對話的目的是為了進行深度交流，而討論的目的是要達成「共識」。共識與結論不同，結論是最後的決定，但不見得所有人都認同，可能是透過表決甚至猜拳產生；而共識是在所有人不斷進退之中，尋找大家都能接受的平衡點，難度相當高。若以前面的「朋友」主題為例，老師會要求小組最後說出「大家都同意的好朋友定義」。

討論過程中，肯定會產生意見的分歧，而分歧是好事（若孩子太快達成共識，我會給予質疑來擴大孩子的思考範圍），這正是討論練習的精華，唯有充滿火花的討論才能產生實質的意義，「**不要輕易接受別人的想法，也不要過度堅持自己的意**

見」，在一來一往中，孩子們會在別人的思維裡看見自己的不足，在自己的觀點中看見別人的亮點，這樣的挑戰會讓孩子更有合作意識，在團隊中快速成長學習。

「聊天」是讓孩子自在分享、建立連結，「對話」是讓孩子練習思考、深度交流，「討論」是讓孩子達成共識、學會進退，三者之間沒有絕對的先後順序，可以視班級的情況和需求彈性安排。比如在閱讀課揣測主角心思、在數學課一起解決問題、在科學課設定實驗步驟、在社會課研究社會議題，甚至在音樂課一起演出、藝術課共同創作、英文課互相教學、體育課討論戰略，所有的課程都可以融入這樣的學習模式，讓孩子真正成為「共同學習」的同學。

事件學習

前面舉的例子都是以課堂學科為例，而校園團體生活中有更多的事件值得討論和學習，千萬不要錯過了。比如由小品老師帶領的中年級共學團，就發生過這樣的一件事情：

孩子們在操場上課，活動才進行一回合，一位女孩突然慘叫了一聲：「啊！我踩到狗屎了！」臉上的表情很複雜，有點無奈生氣卻又試著自嘲：「我太有狗屎運了吧！」然後皺起眉頭哭喊：「完了！我要被罵了！」

接下來，會發生什麼事呢？

一開始，其他孩子都先出現「正常反應」，像是「哎唷」、「快看自己有沒有踩到」、「妳好衰喔」，不過孩子們反應不是太激烈，大多數是有點不知所措。這時品師先走到女孩旁邊，關心她的狀況，同理她糟糕的心情之後，便問其他孩子：「現在夥伴遇到這種狀況，該怎麼辦？」

一位女孩立刻蹲下，一邊徒手剝，一邊說：「應該是土吧？」此舉引來大家的驚呼：「有臭味，是大便啦！」那位女孩笑著說：「真的是耶！不然我鞋子借妳穿……」品師連忙阻止，除了肯定她外，也提醒大家「沾滿狗屎的鞋子還在喔。」

孩子們開始分頭找「工具」：樹枝、厚長的葉子……大家圍起來幫忙刮掉大便，後來還請女孩坐到凳子上，一群人拿著脫下來的鞋子，努力地刮著。品師一邊安排回教室後，女孩能換上的拖鞋、刷鞋的工具，思考適合清理的地方，再聯絡家長下課時帶鞋來。回到教室後，好幾個孩子都自願幫忙，甚至「搶著幫忙」，孩子們最後開心地說：「鞋子好像比踩到狗屎前乾淨耶！」最後還不忘把水槽清理乾淨。

下課時，女孩告訴我：「我有偷偷哭喔！因為很感動大家都在幫我……」我笑著回應：「對啊！我好羨慕你呀！我小時候踩到狗屎都沒有人幫我，」講到這裡，腦袋中突然閃過了什麼，我趕緊又對她說：「大家會這樣幫你，肯定是因為妳平常也會這樣幫助大家，對吧？」女孩用力點了點頭。

這個突發事件，其實打亂了原本的課堂計畫，卻著實地給了孩子們一個團結成長的機會，而孩子的團體生活中，充滿著各類這樣的事件，等著我們帶領孩子們一起思考學習。當然，課堂進度很重要，但這些事件若錯過了不但可惜，甚至還會影響課程進行的情緒和效率（試想剛才如果要大家繼續玩，讓女孩自己邊哭邊洗鞋子……）；當孩子們擁有合作思考、團體解決的能力，對於課程的學習也會有大大的助益。

知道有人可以和你一起走下去，
那我便可以鬆開手，真心祝福。

三、建立互相信任的「親師關係」——課堂上看不見的美好連結

家長這個角色雖然不會出現在教室裡，但老師和家長的關係卻對教學有著絕對的影響，包含老師的授課信心、課程的推廣延伸、孩子的學習情緒。好的親師關係，會讓教與學的品質大幅度提升；若親師關係不好，做起事來便會綁手綁腳、瞻前顧後，甚至動輒得咎，產生更複雜的社會法律問題。

我和我的第一個中年級導師班，一同創造了許多奇蹟般的回憶，其中很大一部分，和那群超給力的家長有著絕對關係。

我們班很常趴趴走，近一點會到附近的公園上自然寫作課，遠一些會去附近的

鄉鎮進行文化體驗或生態探索，而這些活動總會有家長自願陪同，甚至協助接送；校慶運動會，各班都在募集家長志工時，我們班的志工多到分去別班支援；晨光時間，我們班上過的課程包含「七巧板、書法、薑餅屋、搓湯圓、創意氣球、美容美髮、肩頸按摩、模擬法庭……」這些豐富的資源，通通都是來自家長們的支持與用心。也正因為如此，他們給了我發揮創意的空間、勇於嘗試的底氣，以及全力支持的信任。

當時身為菜鳥老師的我，單純抱持著「我一定要跟家長們保持聯繫」的信念做了不少，事後才知道這件事情有多重要。直到十多年後的現在，不只與當年班上的孩子還有聯絡，更和幾位家長也都還保持著聯繫。

主動出擊

我的實習輔導老師對我說過一句至關重要的話：「**不要等出了事才跟家長聯繫。**」這個提醒實在太重要──壞事我就打給你，沒事我就不聯絡，那好事呢？

好事是不是更應該要讓爹娘們知道？於是第一次帶班的我做了一個重要決定：我要在一個月內把全班電話打兩遍！

我從第一天就開始刻意觀察班上孩子的狀況，盡可能把每個亮點都記錄下來，如果是排定當天要打電話的孩子，就會觀察得更仔細。放學後，便留在教師研究室裡打電話，一個小時的時間大約可以打三到五通，有幾次聊得太忘我，直到警衛伯伯來提醒才趕緊掛電話離開（真不好意思）。

我對打出去的第一通電話印象深刻，對象是個檯面上害羞但檯面下有點調皮的孩子，電話撥通時我心臟跳得好劇烈，聲音大到都快要蓋過電話的嘟嘟聲，當媽媽把電話接起來聽到是老師打來時，她似乎比我還要緊張，頻頻問我「孩子怎麼了？發生了什麼事？」我告訴她孩子今天第一次主動在課堂上舉手發言，而且講出來的內容很有創意，不只得到同學的青睞，也讓我印象深刻。媽媽聽了很開心，但還是繼續問：「然後呢？」我說：「沒有然後啦！就是要跟媽媽分享他的進步，也請幫我在家裡肯定他，也讓他知道老師有特別打電話來！」媽媽很錯愕地說：「好！沒問題！但真的就這樣嗎？老師有什麼事你跟我說沒關係……」在我再三的保證之下，媽媽才放心又開心地掛掉電話。

後面打出去的電話，父母親也常出現類似的錯愕，但最後都以開心的感謝作結，每一天回家都好疲憊，但心情卻都無比的雀躍與踏實。在一個月後的班親會之前，我成功地把每個孩子的電話都打了至少兩次，結果班親會當天的氣氛像是網友見面會一般熱鬧又親切。

更有趣的是，到了下個月，還有一位爸爸主動打電話給我，半開玩笑地說：「老師，怎麼最近都沒有打來，是不是我們家那隻表現不好？」我趕緊解釋道：「沒有啦！最近比較忙，你們家那隻很優秀捏，像是……」我邊說邊翻開孩子專屬的觀察紀錄本，把新寫上去部分跟他分享。

因為主動且正面地出擊，扭轉了「老師打來就是出事」的刻板印象，建立了更正向的連結，為親師關係打下了穩固的基礎。

教育教養大不同

和父母親建立正向關係之後，我發現了另一個問題——溝通困難。

這裡說的困難，指的並不是個性不合或表達障礙，而是雙方出發點的差異。雖然都是在討論孩子，但父母大都以「教養」為出發點，以家庭成員或親子雙方為視角在看孩子；而老師卻是以「教育」為出發點，以班級群體或親師互動的角度來探討。兩者看起來很像，卻有著本質上的差異，進而讓雙方很難達成合作共識。

比如家長跟老師反映「孩子回家從不分享學校的生活，請老師協助開導。」或是「孩子都在上網玩手機，拖到最後一刻才開始寫作業，該怎麼辦？」這些看似跟學校有關的問題，其實主要原因大都跟家庭有關，但當家長提出請求，老師又很難坐視不管，也想試著為孩子做點什麼。

補充一個題外話，把剛才的概念反過來，當老師要求家長協助讓孩子上課專心、出作業要父母協助完成，或是請父母把孩子在學校不會的地方教會，也是造成同樣的問題。父母親並不具備教育專業，這些應該由老師引導陪伴孩子的任務，盡量就留在學校裡頭，讓學生回家後可以放心當個孩子、讓家長可以專心當個父母。

回到前面說的，身為不懂教養的老師很難跟家長找到對話的基礎，很幸運的是，剛當上老師的我很快就意識到了這個問題，於是開始大量閱讀教養相關書籍，漸漸地更能夠找出各種問題的關鍵，和家長討論孩子也有了交集。更棒的是，因為更知道如何看待孩子的成長與發展，在教學上也產生了莫大的幫助，跟孩子的對話也有更多元的觀點。

在那段不斷積累的日子，我會在每週五挑一篇有感覺的教養文，在文前文後加上自己的分享原因或讀後感想，然後印給全班讓孩子帶回去和父母分享。在週一的聯絡簿上，常常會收到家長動人的回饋和閱讀心得，兩年後，在我快卸任時，到其中一位孩子家裡作客，母親拿出一本厚厚的資料夾，裡面是我兩年來讓孩子帶回去的所有教養文章，母親不但通通搜集起來，每一頁都還有螢光筆畫的重點以及手寫的註記，當下的感動我至今都難以忘懷。在不知不覺中，我和父母們竟成了共同學習成長的夥伴。

一場動人的班親會

在學校，通常每學期（或每學年）的開學第一到第四週之間，各班會舉辦一場班親會，有的老師避之唯恐不及，有的老師卻很珍惜。而有幾個問題，需要老師在班親會舉辦前先釐清：

- 為什麼要舉辦班親會？辦與不辦對班級影響的差別在哪裡？
- 希望達到什麼樣的效果或目的？什麼事情是大家聚在一起才能做到的？
- 以家長角度而言，會期待在班親會中得到什麼？
- 以孩子的角度而言，會希望老師和父母有什麼樣的交流？

對我而言，班親會是老師和家長交流的重要管道，相較於平常老師和家長的個別交流，班親會也為「親師」和「親親」之間的互動提供了面對面的機會，所以我希望透過班親會的舉辦盡可能凝聚親師和親親之間的共識，也有情感交流的機會。同時也讓父母一定程度了解教學現場的狀況與孩子的表現，讓父母看見只有老師看得見的，孩子的亮點。

前文有提到，我人生的第一場班親會是在我把全班電話打過兩輪之後，所以現場我和家長之間的互動很快就活絡了起來，但家長之間多數都是第一次見面，所以我也安排了分組交流的機會，讓爹娘們可以互相認識，同時也分享孩子的狀況表現。因為都是同班的孩子，所以話題大都圍繞在校園生活，很快就找到了許多交集。後半段，由於孩子個別的狀況我都已經和家長聊過了，我接著分享的是班級經營的大方向，以及需要父母一起努力的部分（比如我不打算在班上使用獎勵制度，也邀請父母們一起在家庭的部分努力）。最後，在問與答結束之後，我公開許下了給自己的期許，也是給父母的承諾：**「只要還在教室的一天，我絕不會放棄任何一個孩子！」**

兩年後這個班級即將分開之際，我替孩子規劃了「在校宿營」的活動，孩子們用完晚餐後回到學校，在不同教室間分組闖關，每一關都跟班級回憶有關。接著，是最後一次的班親會，全體孩子和家長都到了視聽教室，一起細數兩年來的珍貴美好，活動最後是家長和孩子們安排的驚喜表演和內心表白，讓我印象最深刻的，是一位母親捧著花走上台，她在大家面前問我：「老師，你還記得兩年前的第一場班親會，你做了什麼承諾嗎？」當時我的腦袋一片空白，她接著說：「你說你絕對不會放棄任何一位孩子，」母親在這裡停頓了一下，兩眼泛著淚光，「兩年過去了，我們想跟你說，你做到了！謝謝你。」本來就已經哭得一把鼻涕一把眼淚的我，聽到這句話眼淚更是撲簌簌地往下掉。

那是一個太美好的夜晚，也是那個晚上讓我見識到和父母親面對面對話的意義與重要性，可以如此深刻而雋永。從那一次結束至今快要二十年了，我從體制內到了體制外、從小學班教到高中班、從語文班到共學團，我開了超過五百場的班親會，形式會因應各班級的情況做調整，但每一場都緊扣著「親師合作，為孩子一起努力」的核心在進行，每一場都彌足珍貴。

你我本是平行線，卻因為這個稚嫩的靈魂，
有了一起努力的交集與方向。

第伍章・重點提醒

- 「亦師亦友，還得先師後友」，透過有意識的師生對話、默契建立、了解同理，便有機會找到師生之間最適合的位置，建立良好的師生關係。
- 透過老師的穿針引線、推波助瀾，可以讓同學們真正「一同成長學習」，在過程中獲得非認知能力中的「人我互動能力」，以及「從夥伴到朋友」的珍貴「生生關係」。
- 不要等出事了才跟家長聯繫，而是在平常就要主動出擊累積正向的親師互動，透過溝通對話或舉辦班親活動，讓老師父母能真正為孩子相互合作，建立良好的親師關係。

・第陸章・

好老師自我修煉的天堂路

——為孩子，勇敢成為更好的大人

教學二十年來都不用獎勵制度，還能受到親師生們的肯定，大家都說我很用心、很有勇氣。論用心，我當之無愧；論勇敢，那倒不見得。我是一開始就沒有使用這樣的制度，而有一群老師，他們是「拿掉獎勵制度」的勇者，要知道這是一件多麼不容易的事情。

本書一開始就提到，獎勵制度是一個快速且有效看見孩子行為改變的方式，連大學師資培育的課程裡都還看得見獎勵制度運用的訓練課程，對於大多數的老師來說，這已是不可或缺的教學工具。這些年，我在全國進行了將近兩百場這個主題的演講，對象從大中小學、幼稚園，各大教育協會、基金會都有，也因此認識了很多用心教學、有心改變的老師。

在此，我邀請了幾位包含體制內外，獎勵制度「從有到無」的老師，分享他們改變的心路歷程，相信會帶來更貼近多數讀者的養分，也帶來更巨大的勇氣。

一、我要成為想成為的那種老師

——小品老師的蛻變與重生

認識小品老師，已是十多年前的事。當時的她已是個收入穩定的教育工作者，為了追求她心中理想的教育和自己，她把做好的課程砍掉重做、放棄熟悉的教學模式重新學習，最後索性放下手邊的一切重新打造自己的教育路。

這樣的勇氣，相信也能傳遞出同樣的力量；她的心路歷程，必須被看見！

吵雜的聲音、混亂的秩序、沉默的回應、潰堤的淚水、放棄的念頭……十年前決定跟隨亮師腳步、不再使用獎勵制度時，我的班級失控了。

他們有時像一群猛獸，狂野奔放，根本無法馴服；有時像睡著的魚，瞪大眼睛卻毫無反應。沒有了獎勵制度，我失去抓住弱點的把柄，更失去激勵行為的利器；這對當時已經習慣使用獎勵制度的我來說，就像是褪去盔甲的戰士，手足無措。

原來，獎勵制度不是必需品

曾經，獎勵制度是我教學設計的一部分——集點、蓋章、加分，糖果、文具、珍奶，我在制度及獎品上花了不少心思，那是我很自豪的一種用心，直到阿亮老師的一句話：

「我都沒有用獎勵制度……」

這句話實在太奇怪了！從我踏入教育現場、開始師培課程，「獎勵制度」便是理所當然的存在，怎麼會有老師沒有用獎勵制度？不對，我怎麼沒想過「可以不用」？但是，我又為什麼會用獎勵制度？

「這樣孩子才會舉手回答啊！」

「這樣才能吸引孩子，孩子才有學習動機啊！」

「這樣孩子才會把事情做好……」

「這樣……孩子才會想學……」

我把孩子該有的學習樣貌與期待，全押在獎勵制度上了；準備誘惑力十足的獎勵品、努力一下就有機會拿到的點數，目的就是為了吸引孩子做出我所期待的反應與行為。如果沒有了這些，孩子沒動力學習怎麼辦？孩子不就沒有進步與努力的方向了？

所有的質疑與困惑在阿亮老師的課堂上變得微不足道，甚至根本不是問題。

遇見‧最動人的教育

那確實是一間沒有獎勵制度的教室——二十幾個孩子眼神專注地盯著老師，

閃閃發亮；老師與學生像是在聊天般的自然互動，不時有人回應，不時發出笑聲。小組討論時，每個人都認真而投入，發表時還會有人主動舉手……過程中，沒有任何的加分、集點、競賽、獎品，那是一道自然純粹的學習風景，如桃花源般夢幻，卻又如此真實地在我眼前上演。

我也想成為那樣的老師，想成為一個不用靠獎勵制度就能讓孩子主動學習的老師！只是，我太天真了，以為只要拿掉獎勵制度就可以做到，畢竟阿亮老師的課堂自然流暢，一切看起來都很美好。

我沒想過的是，沒有了獎勵制度，我會看見「孩子最真實的樣子」，因為他們不會再為了獎勵做什麼，而是更「隨心所欲」，想就想、不想就不想，於是，我的教室就這樣爆炸了！那時候，阿亮老師還沒有出這本書，也沒有書中提到的那些觀念方法；他都是從觀察孩子中找到方向，再加上自己的直覺天賦……真的是天生的老師！

當時雖然沒有完整系統、各種技巧，但阿亮老師都陪著我在課後討論每一次的課堂，印象深刻的是有一次他問我：「在孩子作亂之前，你有注意到他做得好的地方嗎？他肯定不是一開始就作亂吧？先肯定他能夠專注坐好……」

沒錯，我怎麼沒看見他的好？下次上課，我把這件事放在心上，並在一開始就先肯定他：「你會自己坐好並看我，很好！」孩子眼睛閃過了一絲光芒，嘴角有藏不住的笑意。每一次上課，不只是孩子在學，我也是，我也一次又一次地在深深的反省中重新學習，不斷尋找更好的自己。

重生

記得有一次，在六年級班進行繞口令主題課程。最後一堂課，每個人都需要唸，由老師判斷個人是否通過，最後通過人數最多的組別獲勝。

這個系列課，我成功啟動了孩子的內在學習力，在沒有獎勵品、沒有加分的情況下，孩子們都很認真專注地練習。在最後比賽中宣布個人是否通過時，沒有任何人「計較」或是「責怪」，更多的是笑聲和加油聲。結果出爐後，沒有任何抱怨、沒有人問獎品，只有一陣熱烈的掌聲和開心的笑容。

那一刻的踏實與飽滿，筆墨實在難以形容。

拿掉獎勵制度後，我大概一年後才比較上手，也更有自信做好。雖然過程很辛苦、常常心力交瘁，但我永遠記得自己第一次抓著全班注意力、做好班控的興奮——那真的太美好了！

這十年來，我沒有再碰過獎勵制度，事實上也不需要了。不用停下來蓋章集點加分，再也不用花錢買獎勵品，只要好好地專注在孩子身上、全心思考準備教學內容，是一件很幸福的事。

更重要的是——我和孩子的距離，似乎也更近了。

「好老師，就是要勇敢成為更值得孩子學習的榜樣！」

——小品老師

二、放下獎勵，看見孩子的本真
——碧姿老師的教育堅持之路

「老師，我想買一本你的書送給我們班導，你可以幫我簽名嗎？」亮孩穎姍在上課前跑來找我，一位想送書給自己老師的孩子，多麼難能可貴。我好奇孩子的動機，她說：「因為我們老師聽完你的演講之後，就把獎勵制度拿掉囉！」我聽了之後大感驚喜，進一步追問班上的轉變，她說覺得同學們變得不太會計較，也更團結合作。

之後，我便主動認識了這位勇敢的碧姿老師，簡單的一次閒聊，就輕易感受到她的用心與溫度，值得分享。

默默的，我的教師生涯，已邁向第十五個年頭。

其中，前三分之二的時間，我曾以為獎勵制度是班級經營的重要裝備，只要按照「建立制度、計算點數、發送禮物」的步驟，就可以養成良好態度。漸漸的，我覺得扛著裝備，反而感到疲憊。一開始，按部就班，規律地算！算！算！後來就成了「算了！算了！等期末再結算吧！」我告訴自己，並不是老師偷懶，而是延宕換來的滿足感。

「咦？孩子好像沒有我想像中那麼急功好利。」發現這件事情後，我決定繼續延期，獎勵過期了，孩子的表現也沒有不如預期。慢慢的，卸下加加減減的裝備，換來更豐盈充沛的內心。那麼，真正該準備的是什麼呢？

用自學自律，找到自由的風箏線

那一天，阿亮老師到校分享，我聽見最動人的教育理念，念念不忘，躍躍欲試。阿亮老師分享了一首亮孩創作的新詩「風箏」：被繩子綁著／是為了能安心飛翔嗎？我換句話說：「風箏，是不是因為有線（有限），才能無限？」

我在黑板上寫著：「自律是通往自由的大門。你若不想做，會找到一個藉口；你若想做，會找到一個出口。」打從開學初，這句話便成為師生間的默契。很快的，孩子就能理解詮釋字裡行間的意義。自律，會不會就是那把鑰匙？那條風箏線呢？

「我們暫停獎勵制度，用自律打開自由的大門，用自律牽引風箏逆風翱翔。」我試著輕描淡寫地宣布。我以為會掀起一陣反彈聲浪，結果並未出現驚濤駭浪，或許因為我在九月新班級開張階段，就沒有大力推行獎勵制度，孩子自然而然就不會錙銖必較。

我們這一班邁入第十六年，我將「失誤當禮物」，陪孩子收下禮物，拆開包裝，勇於面對錯誤。用課文、好文、新聞、自創的標語或是真實生活經驗，不厭其煩地引導孩子進行「明智的抉擇、做對的事情、把事情做對」，希望孩子不要短視近利，追求獎勵，而是明白挑戰的意義。

陪子女找到平衡點

我們家一對兒女並不熱衷集點，我和爸爸幾乎從來不說「物質條件句」，因此孩子也不會反過來獅子大開口。

然而，愛孫心切的阿公阿嬤喜歡打聽：「這次考試有幾科一百分？有沒有前三名？」接著就宣布制度：「一科一百分就領一百元，前三名就依序領……。」我原先想要跟阿公阿嬤曉以大義：學習是孩子的責任，請不要用金錢獎勵孩子，這樣孩子會看不清楚目標。

很快的，我打消念頭，這就是阿公阿嬤關愛孫子的表達方式，怎忍心從中破壞一番好意？順其自然，毋須過度控制生活情境。瞧！孩子領獎學金後，喜孜孜的模樣，不也是一股力量？身為爸媽，我們可以私下叮嚀孩子感恩付出，因為我們這一家有愛，學習無障礙。

永遠不回頭

當孩子在某個時期錯誤率偏高，甚至重蹈覆轍時，我也會感到沮喪無力，反問自己：「使用獎勵制度，就會降低錯誤或不復發嗎？」搖搖頭，我決定不走回頭路，選擇眺望前方，繞點遠路，瞧瞧我能陪孩子走多久？走多遠？

摘下獎勵制度，陪孩子一起錯中學＋做中學，我們的一小步，是孩子未來的一大步。難免踉蹌，也要前往正確方向！在一步一腳印中，體驗動感的接棒歷程，實踐感動人心的一本初衷。

I shall be telling this with a sigh
Somewhere ages and ages hence:
Two roads diverged in a wood, and I—
I took the one less traveled by,
And that has made all the difference.

——Robert Frost（1916）The Road Not Taken.

前進的方向，是我們給孩子的；
前進的力量，卻是孩子給我們的。

三、找回當老師的意義與價值

——小錢老師與孩子的共同成長

英語背景，卻為了孩子鑽研數學；在體制內教學，也尋求大量體制外的方法和心法；參加完一次工作坊，便每週都風塵僕僕跨縣市來亮語觀課討論——小錢老師，是一位富有強大行動力的老師，即便已有豐富的教學經驗，卻從不放棄打造更好的自己。

如此強大的行動執行力的背後，是一顆為了孩子不斷轉動的，勇敢的心。

關於獎勵制度，當年的我可是從「不用」到「不得不用」，為什麼呢？不想孩子太功利而不用，但，用了之後，班級秩序和參與度提高！獎勵制度效果，太顯而易見了，無法讓每一堂課都精采。既然如此，就繼續用點數誘惑孩子吧！

反思，給孩子更好的自己

不得不承認，獎勵制度某種程度上很干擾教學，「老師，你剛剛沒有幫我加分！」「老師，我們男生比較快，不公平！」「老師，她是偷聽我答案才答對的！」這樣的聲音讓我好無力，心裡明明知道這不是我想要的課堂風貌，卻又離不開獎勵制度，這樣的依賴，慢慢地被自己合理化了——因為，我找不到更直接快速的方法；而且，周遭的人也都在使用啊。

今年寒假，因為亮語那幾場翻轉我信念的工作坊，我決定讓班級的獎勵制度退場。原本擔憂孩子會抗議，但孩子們比我想像的，還更不需要那套制度，透過和孩子真誠的對話，孩子是可以理解的。

「經過一個寒假，老師發現你們長大了，許多人主動複習，認真上課，不是為了加分，而是你們自己想要變得更好，老師很感動！」孩子們都認真地點頭！原來，真正需要獎勵制度的，不是孩子，而是我啊！

沒有獎勵制度下的班級，勢必需要另一套班級經營和教學心法，阿亮老師提到的每一個方法：眼光、肯定、鼓勵、點線面、預評、眼神，實際嘗試落實後，發現都能讓班級風氣更正向，師生、生生關係更融洽。

更「貼心」的班級互動

• 防災演習

「等等防災演練，可能大家會緊張、會興奮、找不到集結區的隊伍位置，但是，我們一起來想想，怎樣能夠做得又確實，又迅速？」用預評來接住孩子的情緒，預測可能會出現的紛亂，果然在真實演練時，孩子們的表現受到其他老師肯定。

• 生生衝突

兩個常常下課一起玩積木的孩子，常常互相告狀，以前的我急於當判官，非得找出個對錯，如此常讓孩子彼此間的關係更緊張，甚至讓兩人更仇視對方。

那日，我肯定A男孩對於B男孩的包容，再另外私下肯定B男孩常把積木收拾得很乾淨。我鼓勵兩個男孩觀察彼此有哪些優點，接下來的日子，兩人來找我說的，都是對方的優點！原來孩子們一直擁有柔軟的心和敏銳觀察力，只是需要被引導出來啊！

• 高敏感孩子

教室裡總有一兩個寶貝時常情緒不穩，面對這樣的孩子，過去的我常用更高壓的方式一視同仁要求孩子遵守班規；現在，透過點線面，讓其他孩子一起來協助這些高敏感孩子，讓他們知道，自己有能力能愛人與助人。

「你們知道小明一直很努力在控制自己的情緒，剛剛小明正在敲桌子時，我發現旁邊某某某同學，有低聲關心小明，第三排同學仍能安靜地閱讀，全班同學沒有人罵小明，你們表現出善良的一面，真的很了不起！」隨時以眼神關注每一個孩子，以眼光發掘所有孩子的亮點，慢慢地，我發現班級的共識逐漸達成，班級正向風氣被建立，有更多的愛與包容在教室裡流動了。

‧師生互動

在亮語課堂中，每一堂課都精采，且孩子們討論與發言總有火花！以前面對孩子的錯誤答案，我可能會回應：「不對！不是！下一個！你剛剛有在聽嗎？」後來，我才知道，即便這樣小小的回應，都可能影響教室裡所謂的安全感。

現在，我努力嘗試「感謝你勇敢的發言，有沒有更好的 idea？有沒有其他人要試試？」「很接近了！但我需要更聚焦！」「這東西好，但適合在下課說……」「這歪得有點遠，但有創意！」我常努力提醒自己，目的不是要得到正確答案，而是讓孩子參與每一堂課。

• 學習模式

阿亮老師提到「自學」、「共學」可以是差異化教學解方。我們是引導者，引導孩子找到無限「可能」與「方法」，引導孩子找到自己的學習「夥伴」。

現在的我，努力在每一次課堂「勾起學生好奇心」、幫孩子找到「自學」的方法，也更用力觀察每一次小組討論時孩子們之間的互動：「你剛剛帶領大家討論，你是個很棒的帶領者！」「你剛剛聽完夥伴分享後有適切回應，你很善於抓重點！」

現在，孩子們有問題時，從事事請教老師，到現在可以自發性彼此協助，孩子們的臉上有更多自信的笑容了，因為，孩子們知道學校不只有老師，還有夥伴，一起克服學習上的困難。

老師的價值

「這世界不缺乏美，而是缺乏看見美的眼睛。」

每個孩子都希望被看見，透過老師的眼光，從眼神、口語、文字的肯定鼓勵，師生關係改善了；透過「自學」與「共學」，孩子們感受到了他人的關心，相信老師、夥伴能與自己一起面對風雨，師生、生生彼此的心更貼近了，也因此，我發現，班級經營變得更容易！

而我，因為放棄了獎勵制度，而更努力看見每一位孩子，從而在孩子們的成長與蛻變中，慢慢找回了身為教師那份價值與感動！

老師的蛻變，正是孩子的榜樣，
以及成長與改變的力量。

・第柒章・

孩子怎麼看獎勵制度

——給我力量，為自己勇敢一次

記得第一次要分享這個講題時，我在一週前就把內容都準備得差不多了。當時為了讓內容更有說服力，我研究不少相關資料，把過去的經歷整理成一套系統，還收集了許多老師和家長對於這個議題的看法，但一直覺得少了些什麼……

是孩子，孩子的觀點。都是大人們在討論這件事情，那孩子們怎麼看呢？於是我臨時訪問了幾個孩子，他們的回應讓我大開眼界！像是：

「如果舉手會得到獎勵，那我反而會不想舉手，因為好像是為了得到獎勵才回應。」

「不管獎品再怎麼吸引人，其實就是前面那群人在搶而已，對中間和後面的學生沒有任何意義。」

「獎勵制度對我其實滿有用的，但我會擔心自己會成為沒有獎勵就不想努力的人。」

我把孩子們的想法剪接成影片在講座裡播放，所有聽眾聽了都心頭為之一震。講座結束後，我直接把這個講題作為課程主題讓亮孩們探討，孩子們一邊思考制度的得失，一邊覺察對自己的影響，課程中火花四射，精采絕倫。我請這群中學孩子們把自己的想法寫成文章，試著用自己的筆替孩子發聲，讓大人能夠透過孩子的眼睛看見些什麼。

女孩翊婕，她試著從教育和學習的本質切入，很有意思：

我們是否都經歷過，這樣的光景？

深綠色黑板上，畫著一格一格的粉筆痕等待著「加分！」的到來，老師時不時拿著加分表，勉勵著那些集滿了點數的孩子，並督促其他孩子朝這樣的目標邁進。那時候，格子裡點數的成長好像就是生活中最重要的事情。

隨著時光消逝，桌椅舊了，黑板髒了，老師換了，景物變了。這樣的制度卻還是持續地在我們的生活中上演著，像重複放映的老舊電視劇，不僅放也放不膩，甚至成了眾多觀眾年輕時代的共同回憶。

的確，這樣被稱為「獎勵制度」的教育方式，早已深植在我們的教育文化裡，對一個團體而言，特別是群不守秩序，沒有成熟度的團體，無非是最有效果的管理方式。只要一聲令下，拿出令人垂涎的獎勵，原本鴉雀無聲的教室頓時成了競技場，一隻隻向天空伸去的手慌亂地搖著，像一群爭搶食物的鳥，唯恐得不到老師手上的餌，而拚命搶奪著。這樣的情景看似是一場成功的教學，但，失去了獎勵制度的鳥兒們，真的在出了籠子後，還會這樣積極地為自己爭取一切嗎？

「獎勵制度」看似有效，卻只是包了糖衣的一顆空心糖，打開來，什麼都沒有。我們看到的，不該是學生積極參與的表象，而是學生是否真正熱愛學習的那顆心吧！

在這個資訊爆炸的世代裡，孩子們其實也都更有了想法和主張，隨著年齡的增長，孩子們也越發對這些制度感到疲憊。因為促使我們學習的動機，大多數只是出於對那些獎勵的渴望。甚至如果獎勵不夠吸引人，有些人乾脆就放棄了學習的機會，因為他們根本不熱愛學習，而少了餌的魚，又怎會主動投身牠所害怕、厭惡的漁網呢？

當學校少了獎勵制度，或許孩子們對於課堂的熱忱和投入就無法立刻顯現，但也正因如此，老師們才得以看清每個學生的本質，學生對於學習最原始的樣貌，老師們也才能真正感受到，自己的教學帶給學生實質上的影響。雖然比起獎勵制度，這條路的確是更加漫長而艱辛，但帶來的影響定是更加深遠而廣闊的。

台灣一直在嘗試著模仿西方教育，讓孩子們發揮創意和本質，但卻忘了真正需要改變的，是整個教育文化的本質，需要由老師們帶領孩子，用他們自己的眼光主動認識這個世界。這樣的方式不但需要被看見，也需要被實踐。

所以，你願意放手一搏嗎？

——〈本質〉張翊婕

你願意放手一搏嗎？這是孩子的請求，也是直指內心的叩問，但說實在，這拚搏後的結果，會對孩子產生巨大的影響，而老師得負起更多的責任。我問孩子，如果你當老師，能夠不用獎勵制度嗎？能夠理解為何獎勵制度會如此氾濫嗎？

換位思考之後，孩子不但能夠理解，也能用創作的方式寫出師生立場上的落差。比如媜妍的這篇雙重視角：

「老師，其實我很不喜歡獎勵制度，因為我們這組永遠是最低分的。」

「老師，其實我覺得獎勵制度是給那些想要獎品的人，對其他人是沒有用的。」

「老師，我覺得我回答得很好，為什麼沒有加分？」

「老師，為什麼你都只給第五組最多分，然後別組都很少？」

為人師的你們，可曾想過學生的感受？或者是看到別人使用獎勵制度就全盤照收了？有想過這些制度有很多漏洞可以鑽嗎？你知道嗎？

你當然不知道，因為你不曾問過學生們的感受。你一直以為別人如此做，可以有很好的效果，所以學起來用。

注意到了嗎？其實到後來認真參與課堂的，一直都是拿到最多獎勵和渴望它的，少數人。

「同學，你們知道現在的老師很難當嗎？學生在想什麼每一個都不一樣。」

「同學，如果沒有獎勵制度，你知道我很難打平時成績嗎？我一個人教七、八個班，學生這麼多，我怎麼可能對大家都有印象？」

「同學，正是因為獎勵制度可以讓上課不會睡成一片，所以我才用啊！」

「同學，你可以告訴我比獎勵制度更好用的上課方式嗎？」

身為學生的我們，可曾想過老師們的感受？想過為什麼它會大量存在於每一間教室之中嗎？你知道老師，也是人，也是不可能完美的嗎？

你當然不知道，因為你沒有當過老師。因為你只為了得到最大的利益而不斷爭取自己的權益，一旦沒有了，你就退出這場競爭了，不是嗎？

你是否注意到了，你無法顧及所有人，你只為了自己是否有利益可得而決定是否參與這堂課，但是，學習不該只是如此吧？

——〈心聲〉王媜妍

理解雙方立場的差異之後，孩子更知道自己需要什麼，也更知道需要有一位老師來帶領自己的心勇敢前行。男孩冠諭，寫出了對老師的渴望：

家，是我們的避風港，但總有一天，我們終將把自己駛進迷惘未來的大海。旅途中，你們才是我們生存的動力。

踏入教學現場，或多或少，我相信，你們都曾想賦予課程更多的價值，給予每位學生更好的未來。但是，可能是被告知，又或是自己發覺，學生學習情況和秩序每況愈下。無可選擇地，你揭開獎勵制度的序幕，而成效發揮得很快，吵鬧減少了，學生也回歸到你理想中認真學習的畫面；但內心總有個聲音：「如果有一天，孩子失去了這些獎勵，他們會不會從此毫無目標與動力？」你知道，你也知道同樣的這種弊端不斷地上演，但你更害怕的是，當你真正拿掉制度時，你們成了提早扼殺他們學習的人，甚至是未來。

但是身為一名學生，我想說，我們都在等一位真正讓我們想學習的人，我們不害怕改變，我們每一個人，毫無例外，想重新拾起那份早已失去的學習的熱血。

我想說，把獎勵制度拿掉吧！當使用鼓勵與同理代替物質的獎罰，其實我們的喜悅和感動是不減反增的，我們失去學習的熱忱，這一時半刻找不回來，因為沒有人可以陪同與理解，甚至同情我們，所以儘管我們沒有表態，但，老師，我們迷路了，我們需要你們，我們真正需要的是你們給我們在學習之後的反饋與榮譽，而不是像成癮般地追逐物質或分數，而到最後，當前方什麼都沒有時，左右盼顧，才發現身旁的人早已停下了腳步，因為早就忘了奔跑的目的。

老師們，道路的終點，我們知道，終究得由我們自己到達，但我們也渴望在心中填入更多的支持與陪伴，因為我們期許，當我們穿越了層層的風景，回頭，會發現你們的勇敢與付出，不只使我們持續跑著，更重要的是，使我們永遠記得，為何而跑。

——〈改變的起點〉李冠諭

在孩子真誠動人的文字中，我看見的不只是制度帶來的問題，更看見孩子內心的世界。原來，很多孩子都在這樣的過程中受傷了，大家在制度中迷失了航道、在競逐中丟失了自己，更令人心疼的是，這些孩子往往是班上最認真善良的一群。戴寧這篇文字，發人深省：

我是學生，我希望獎勵制度存在於我的求學生涯裡。如果不是如此，我大概不會因此被徹底擊倒；不會找不到自己存在的價值，不會掉進很深很深的黑洞裡。

也就不會聽到有人對我說：「這個世界用各式各樣的尺測量你，而你因為達不到他們的標準而哭泣。」不會聽到有人問我：「你有沒有什麼時候覺得自己真正活著？」

我們活在巨大的獎勵制度裡：小至糖果加分，大至成績升學；我們也已經習慣透過獎勵制度衡量一切。

多好啊？勝者贏得一切，輸家一敗塗地，世界本來就是遵從弱肉強食的道理。而曾經身為既得利益者的自己有什麼資格抱怨？一直到我從第一名掉到最後一名，才發現以前那些目光看見的都不是我，是我頭上的名次。連我自己也是。

所以不能怪誰沒有看見自己，是我自己先迷失在制度裡。老師，你真的在意是誰拿到第一嗎？

你關心的是我，還是我的成績？

可不可以從制度的縫隙裡，看見我真正的樣子？

——〈後生〉戴寧

「可不可以從制度的縫隙裡，看見我真正的樣子？」剛讀到這篇文章時，我在最後的這句話停了好久，眼眶不自覺紅了起來，我想起好多在學習路上浮沉的孩子，還有當年那個小小的自己。從小就是個屁孩的我，好動又好強，比誰都渴望得到一份肯定，卻又從不願意承認這件事情，於是調皮搗蛋，似乎就成了我當時得到注目的一種管道。

有一次，校內舉辦作文比賽，每班可以派出三個代表，老師挑了班上文筆最好的兩個女孩，和我。我當時滿頭問號，自己的作文從沒拿過高分，文筆也差人一截，怎麼會挑上我？心中的疑惑在老師面前脫口而出，老師說：「雖然你不是文筆最好的，但你有一顆靈活的腦袋，到了比賽說不定會動得特別快喔。」

比賽題目我至今都還記得，是「談營養午餐」。不知是被老師鼓勵到了，還是自己腦袋真的那麼靈活，我把那篇作文寫成一場美食饗宴，以現在的角度就是篇美食部落格的調調，細節內容我不記得了，但我記得自己寫得很開心，比賽結果出爐，竟然拿了第三名，那份喜悅至今依然記得，不是因為得名，而是因為被老師看見了，那樣的感覺真好。

最後分享的，是一篇溫暖的作品，郁嘉用一篇小短文，寫出了被看見的盼望與感動。

嗨！親愛的老師，我明白您在教學上的煞費苦心，所以想出了一個又一個益智逗趣的加分遊戲，獎賞那些用功念書，以努力換取獎賞的好孩子，所以我們為成功喝采，為優秀鼓舞。

可是，在課本前讀得辛苦，卻在考卷前紅著眼眶的孩子，是不是不小心被忽略了？

嘿！老師，或許我不是那麼的聰明，可是我願意勤能補拙，所以偶爾也給我一些稱讚，肯定我的努力，好嗎？

我還記得，那次的考試，我進步了好多，您在大家面前誇獎我，雖然沒有獎狀獎品，可是那一天，我彷彿找到了繼續努力的動力。

很多時候，我只是希望有人蹲下來，溫柔地聽完我的想法，陪著我想出解決的方法。

學習的路，還好長好長，多一點關心和同理，或許那些複雜的制度，漸漸就沒有存在的必要了。

——〈盼〉曾郁嘉

教育的對象，是孩子；教育的目的，是幫助每個孩子實踐自我、創造未來。看完這些文字就能理解，這本書不只是為了老師而寫，更是為了孩子，還有更多更多的孩子而寫。願我們都能夠成為上面孩子們說的老師，能夠同理、陪伴、看見孩子，看見孩子的本質與本真，給他們前進的勇氣和力量。

◎「孩子談獎勵制度」的影片如下

孩子，你的聲音我聽見了
卻有太多大人充耳不聞

別怪他們，他們
已經是大人了
太多的責任與義務瘋狂吞噬
以至於搞丟了心中的孩子

於是，我們不做成功的大人
我們當成熟的孩子

·第捌章·

陪孩子「學習快樂」，成為孩子生命中最美好的插曲

雖然這本書的主題是「不用獎勵制度的教育之道」，但重點並不在獎勵制度有多糟糕，而是了解這個制度普遍存在的原因和風險、反思自己的教學之後，試著探詢其他可能。本書真正的重點，是釐清老師的定位與價值，然後有意識、有系統地引發孩子學習的動力與方向，幫助老師蛻變成更理想的狀態，幫助父母找到合作的好夥伴、幫助孩子遇見成長的勇氣和力量。

有人說，我能夠「創造」出這樣的教學模式很厲害，但我認為自己只是去蕪存菁，找回教育的本質和應有的樣貌罷了。

說穿了，我只是一個很怕麻煩的人，上課上到一半要停下來加分、一邊設計教學還要一邊操作獎勵系統、算完必要成績之後還要計算額外的加扣分、改完作業還要檢查罰寫的內容、下班後還要花時間購買獎勵品，這些對我來說都是多餘而干擾教學的事情。更讓我害怕的，是教室裡那一雙雙黯淡無神的雙眼、那些失去活力的靈魂，富蘭克林說：「有的人在二十五歲就已經死去，只是到七十五歲才下葬(Some people die at 25 and aren't buried until 75.)。」若以這個邏輯而言，在這些教室裡的孩子，似乎處於某種「假死」狀態，但何時才能「真活」過來，就要看他的命運造化，或是看他遇見什麼樣的老師了。

從小，我是個充滿好奇、喜歡想像的孩子，很幸運的，在長大的路上我並未搞丟這兩項特質（也感謝協助我守護它們的大人們）；當了老師之後，我開始好奇有沒有更單純而動人的教育方式，想像一間老師和孩子的目光如炬、互動熱烈的教室。我怕麻煩，捨棄了獎勵制度這種快速給予外在動機的方法，卻花了更大的力氣在研究和實驗引起內在動機的各種可能，我花了大量的時間在自我提升、與孩子對話、和家長討論，讓孩子想學、能學，最終愛上學習。

為了達成這個目標，我消耗了巨大的能量和髮絲，沒想到依然走了將近十年的錯誤方向。

為了讓孩子「快樂學習」，我盡可能把每一堂課都上得有趣，讓歡聲笑語充滿課堂的每分每秒，那時有孩子說，來上我的課很像在看綜藝節目。當時的我覺得自己很成功，沒有使用獎勵制度也能讓孩子這麼喜歡上課，但內心一直隱藏著一塊不安——孩子到底是喜歡我，還是喜歡學？喜歡學的孩子，有沒有更知道怎麼學？若把我從孩子的生命中抽離，他們還能保有前進的動力和方向嗎？

我錯了！天大的錯誤——我搞錯順序和重點了。

學習本身，本來就是充滿挑戰的事情，而我卻努力替孩子「美化學習」，讓他們覺得學習都是「快樂」的，這不只危險，簡直是毒藥——一旦不快樂，孩子便不想學了。所以不應該是快樂學習，而是「學習快樂」，陪孩子在學習中找到快樂，那份快樂來自於從不會到會的喜悅，來自從不能到能的信心，來自克服困難、挑戰成功的成就感。

現在，我可以很踏實地說，要幫助孩子進步的唯一方式，就是：一、啟發他的內在學習動力（想學），二、陪他找到學習方式、克服學習困難（能學），三、給他肯定鼓勵以及展現的舞台（愛學）。

想學而不能學，或是能學而不想學，都不可能愛上學習；當孩子想學、能學、愛學之後，便取得了一生不斷前進的能量。而這正是這本書的主要目的——給老師們一套讓孩子愛上學習的具體方式。而當孩子能夠自我前進，我們將成為孩子生命中的一段插曲，雖然只是插曲，這段美好的旋律，將會在我們和孩子心中常常響起。

執教一生的父親，是許多老師心目中的典範。他曾問過我一個問題：「你知道我為何教書一輩子嗎？」當時的我傻傻地回答：「不就是鐵飯碗、寒暑假、退休金？」「錯了！」父親接下來的話語，成了我當老師的價值核心：

「世上只有一種人，不以個人的成就為成就，而是以成就別人為成就，就是老師。」

——彭元岐

什麼是好老師？就是你的孩子因為我們而更好。我常在研習中問老師們一個問題，大家不妨一起想想看：「如果你手上有一張感謝卡，要寫給這輩子教過你的一位老師，你會寫給誰？」這時大家都會陷入沉思，有的人會苦思不著，有的人會欣然而笑，我接著問：「被你想起的老師，通常不（只）是因為他把你成績搞好了，而是因為他看見了你、激勵了你、接住了你、成就了你？」這時，大家都會頻頻點頭。「而現在，我們都是老師了，能不能也成為孩子心目中這樣的老師呢？」最後的提問，是我的自我提醒，也是給所有老師的祝福和一起努力的方向。

有人說，像我這樣教書好辛苦，我會說，當這樣的老師好幸福。不知各位是否看過台下那一片星空？那一雙雙閃爍而迷人的雙眼。如果你沒看過，那這本書有機會讓你一睹美景；如果你看過，就知道是什麼力量讓我一路甘之如飴地走到現在，而且還要繼續走下去，甚至在不久的將來，我要為孩子們辦一間學校，一間能夠讓所有孩子學習快樂、愛上學習的學校。

投入教育將近二十年，才寫了第一本教育專書，算是來遲了，卻也不算太遲。感謝老爸老媽的支持，讓我得以全心投入理想的教育；感謝陪我走過一段路以及陪著我繼續走下去的好夥伴，是團隊的力量讓我一路前行；感謝所有亮孩和父母，你們的信任是我存在的價值；感謝我最親密的愛情婚姻事業教育夥伴——小品，沒有你的一路相伴不會有這一切；感謝女兒多多，你的出生讓我終於鼓起辦學的勇氣。

最後，要感謝正在看這本書的你，尤其是看到了這段文字，表示你一路讀到了最後（順手翻到最後一頁不算），這很了不起。也讓我送你一份禮物：如果這本用心寫的書讓你有所感動，歡迎寫一封同樣用心的信給我，給我一點時間閱讀，我會親自回信；如果想邀請演講，在時間允許的情況下，我也會盡可能安排。

最後的最後，送上我最喜歡的一句話：「為孩子，勇敢成為更好的大人。」共勉之！

◎粉絲專頁

◎演講邀約

◎亮語信箱：shininglife@shininglife.com.tw

有一天，我們都會離開這個世界；就看在離開前，如何活出自己的價值。

而當一位老師，是我這輩子做過最有價值的決定。

在陪伴孩子的過程中，我們創造了彼此的價值、賦予了生命的意義，這樣的教育之路，動人而美麗。

北極星01

不用獎勵的教育之道

作者 彭瑜亮
總編輯 陳品誼
編輯 鄭雅婷、洪敏芬
行銷 莊婷婷
設計 宋柏諺
出版行政 林諭璇
攝影 吳景騰
出版 亮語文創教育有限公司
地址 302新竹縣竹北市光明六路251號4樓
電話 03-558-5675
電子信箱 shininglife@shininglife.com.tw

印刷 漾格科技股份有限公司
總經銷 大和書報圖書股份有限公司
出版日期 2023年4月初版一刷
定價 450元
書號 AB008
ISBN 978-626-96425-1-9

國家圖書館出版品預行編目(CIP)資料

不用獎勵的教育之道 / 彭瑜亮　著．初版
新竹縣竹北市．亮語文創教育有限公司
2023.04 / 324面；14.8x21公分（北極星01）
ISBN：978-626-96425-1-9（平裝）
1.CST: 班級經營 2.CST: 課程規劃設計 3.CST: 親師關係
527　112004143